STEFANIE H

AUFGEKLÄRT. SELBSTBEWUSST. MÄDCHEN!
DER RATGEBER FÜR DIE PUBERTÄT

IMPRESSUM

Deutschsprachige Erstausgabe November 2022
Copyright © 2022 Marius Klett
Pseudonym Stefanie Hoffmann wird vertreten durch:
Scharfsinn Verlag
Marius Klett, Fuhrstr. 4 B, 42719 Solingen
Covergestaltung & Satzarbeit: Wolkenart - Marie-Katharina Becker, www.wolkenart.com
Lektorat, Korrektorat: Diana Steinborn

ISBN Paperback: 978-3-9825121-0-5
ISBN Hardcover: 978-3-9825121-2-9

Alle Rechte vorbehalten. Nachdruck, auch auszugsweise, nicht gestattet. Das Werk, einschließlich seiner Teile, ist urheberrechtlich geschützt. Jede Verwertung ist ohne Zustimmung des Verlages und der Autorin unzulässig. Dies gilt insbesondere für die elektronische oder sonstige Vervielfältigung, Übersetzung, Verbreitung und öffentliche Zugänglichmachung.

Bibliografische Information der Deutschen Nationalbibliothek: Die Deutsche Nationalbibliothek verzeichnet diese Publikation in der Deutschen Nationalbibliografie; detaillierte bibliografische Daten sind im Internet über https://portal.dnb.de/opac.htm.

FÜR EIN STARKES, UNABHÄNGIGES MÄDCHEN!

EINLEITUNG.....6

DEINE PUBERTÄT-ABENTEUER UND HERAUSFORDERUNG.....10
Was ist die Pubertät?.....10
Welche Rolle dein Selbstbewusstsein spielt.....13

DEIN KÖRPER-EIN MEISTERWERK.....15
Es beginnt mit den Hormonen.....17
Haare gehören dazu.....19
Das Brustwachstum.....21
Deine Geschlechtsorgane.....23

Schamgefühl – ganz normal.....28
Halt! – Grenzen setzen.....29
Schwimmpause? – Alles über deine Periode.....32
Körperpflege in der Pubertät.....41
Körperbewusstsein – Liebe dich!.....48

DEINE GEFÜHLE-EINE ACHTERBAHN.....53
Baustelle im Kopf – Was geht hier vor?.....53
Verliebt sein.....56
Liebe und Lust.....59
Sexuelle Orientierungen.....60
Mein Geschlecht, dein Geschlecht.....65
Berühren und berührt werden.....70
Sex.....76

DEIN SELBSTBEWUSSTSEIN-EIN FELS IN DER BRANDUNG.....95
Warum Reden so wichtig ist.....96
Sex – Einverstanden?.....103
Sicherheit im Alltag.....108

SCHLUSSWORT.....127

EINLEITUNG

EINES DER GRÖSSTEN ABENTEUER DEINES LEBENS WARTET AUF DICH - DIE PUBERTÄT. NICHT NUR, DASS SIE DEIN LEBEN TOTAL UMKREMPELT! AUCH DEINE ELTERN, GESCHWISTER UND FREUNDE MÜSSEN SICH DAMIT AUSEINANDERSETZEN. DU WIRST DICH VON GRUND AUF VERÄNDERN. KEIN STEIN WIRD AUF DEM ANDEREN BLEIBEN!

Du wirst merken, dass du sehr viel in deinem Leben anders ordnen wirst. Einige alte Freunde werden gehen, neue werden kommen, die erste große Liebe tritt in dein Leben, ein Schulwechsel und der ein oder andere Fehler werden passieren. Was in der Pubertät an Neuem entstehen kann, ist wunderschön: Du - eine erwachsene Frau mit ihrer ganz besonderen Persönlichkeit.

Viele Ratgeber für die Pubertät beschränken sich auf die biologische Seite des Erwachsenwerdens. Doch hängt die körperliche Entwicklung ganz eng mit der Persönlichkeitsentwicklung zusammen. Deshalb versuche ich hier, stets eine Brücke zwischen Körper, Geist und Seele zu bauen. Es ist mir wichtig, dass du als junges Mädchen die Zusammenhänge verstehst, die in dir ablaufen. So erlangst du ein besseres Verständnis für dich selbst und wirst so mit häufig auftretenden Problemen leichter fertig. Außerdem kannst du die Reaktionen deiner Eltern besser nachvollziehen, wenn du weißt, wie sie die Pubertät ihres Kindes erleben.

Ein großer Teil dieses Ratgebers beschäftigt sich mit der körperlichen Reife vom Kind zum Erwachsenen. Dazu gehören nicht nur der Bau der Geschlechtsorgane und die Monatsblutung, sondern auch damit verwandte Themen wie Hygiene, Ernährung, Schlaf und Sport. Auch unangenehme Aspekte, die ein Mädchen nicht mit jedem bespricht, werden beleuchtet: PSM, Ausfluss oder Schamgefühl.

In einem weiteren großen Kapitel beschreibe ich die Gefühlswelt eines Mädchens in der Pubertät. Was bedeutet Verliebtsein und das Erwachen von Lust? Welche sexuellen Orientierungen zeigen sich in unserer modernen Gesellschaft und wie kannst du herausfinden, was zu dir passt? Ich versuche, dir in für dein Alter verständlichen Worten zu erklären, was für dich wissenswert und interessant ist. Wichtig sind vor allem die Themenabschnitte Verhütung und Geschlechtskrankheiten – Aspekte der Sexualität, die nun auch für dich immer aktueller werden.

Ich greife auch heikle und brisante Themen auf, denen Mädchen deines Alters in der heutigen Zeit begegnen. Welche Rolle spielt die scheinbar allgegenwärtige Pornografie wirklich in der Sexualität? Muss man abwertende Sprache unter Jugendlichen wirklich akzeptieren? Wie kannst du mit den Gefahren des Internets umgehen oder kannst du sie vielleicht ganz vermeiden? Ich versuche, hier eine Antwort zu geben, die nicht aus Verboten, sondern aus Empfehlungen besteht. Keine Angst soll dich einengen, doch Vorsicht soll dich begleiten.

Wer Bescheid weiß, ist sicherer und selbstbewusster auf den Pfaden der Pubertät unterwegs. Wer nicht Bescheid weiß, tappt in Fallen, die nur durch blindes, naives Vertrauen entstehen.

Selbstbewusste Mädchen von heute sind informiert. Sie sind vorgewarnt, aber nicht ängstlich. Sie kennen die Gefahren, wissen aber, wie sie ihnen ausweichen können. Sie lieben das Abenteuer, laufen aber niemals ins offene Messer. Dieser Ratgeber soll dir vor allem dabei helfen, dass deine Pubertät eine unvergessliche und bereichernde Zeit wird. Mögest du nachher voller Freude und Stolz und ohne Reue auf diese Reise zurückblicken.

PS:
In diesem Buch wirst du immer wieder auf QR-Codes stoßen. Warum? Weil es oft noch viel mehr zu sagen und zeigen gibt, als in ein Buch passt. Deswegen habe ich eine Microsite mit weiterführenden Informationen und Videos erstellt. Über die QR-Codes hast du Zugriff darauf.

Zum Abrufen brauchst du einen QR Code nur mit deinem Handy bzw. Smartphone scannen. Das geht schnell und unkompliziert: Du öffnest einfach auf deinem Smartphone oder Tablet die Kamera-App und richtest die Kamera auf den QR-Code. Manche Geräte öffnen die Microsite automatisch, bei anderen musst du auf den erscheinenden Link drücken.

Falls die Kamera-App auf deinem Smartphone die Funktion zum QR-Code scannen nicht hat, kannst du den Code alternativ auch mit einer QR-Scanner-App öffnen, oder du besuchst in deinem Browser direkt die Adresse:

BEACONS.AI/PUBERTAETSELBSTBEWUSST

DEINE PUBERTÄT
ABENTEUER UND HERAUSFORDERUNG

WAS IST DIE PUBERTÄT?

Wahrscheinlich hast du das Wort Pubertät schon oft gehört und weißt auch ungefähr, was es bedeutet. Wenn du weiterliest, erfährst du, was alles zur Pubertät gehört: wann und warum sie beginnt, was sie kennzeichnet und womit du rechnen musst, wenn du in die Pubertät kommst.

Pubertät ist ein leicht geheimnisvoll klingendes Wort. Es bezeichnet jedoch nichts Geheimes, sondern einen der normalsten Abschnitte unseres Lebens. Weil wir nicht ein Leben lang Kinder bleiben können, müssen wir irgendwann lernen, selbstständig zu werden und selbstständig zu denken. Pubertät bedeutet, sich von den Denkmustern der Eltern zu verabschieden, eine Sache, die schon manchmal wehtun kann. Allen Beteiligten, dir und deinen Eltern!

Eines ist sicher: Die Pubertät wird ein Abschnitt deines Lebens, den du nie vergessen wirst. Sie dauert mehrere Jahre, in denen du viele wunderbare, aber auch viele schmerzliche Dinge erleben wirst. So reifen dein Körper und deine Seele zu einem erwachsenen Menschen.

Waren bisher deine Eltern und ihre Einstellung zum Leben das Wichtigste für dich? Das wird jetzt vermutlich anders. Du wirst sie oft kritisch betrachten, ihre Denkweisen hinterfragen und dich mehr an der Meinung Gleichaltriger orientieren. Das ist ganz normal. Wäre es nicht so, könntest du dich nicht lösen.

Du brauchst jetzt viel Verständnis – vor allem für dich selbst, aber auch für deine Umgebung. Alle Menschen um dich herum werden sich an die Veränderungen, die mit dir passieren, nur langsam gewöhnen. Dies betrifft in erster Linie deine Eltern, die dich bisher vor allem beschützten, dir aber auch ihre Regeln vorlebten. Du befindest dich jetzt in einer Phase, in der du alles überdenkst, an das du bisher geglaubt hast. Kurz gesagt: Du wirst erwachsen.

Das Wort Pubertät stammt vom Lateinischen „pubertas", welches Geschlechtsreife bedeutet. Rein körperlich gesehen handelt es sich um die Zeit, ab der Mädchen und Jungen fortpflanzungsfähig werden, also Kinder zeugen können. Damit dies möglich ist, muss erst der Geschlechtstrieb – auch Sexus genannt – erwachen: ein Trieb, der alle Lebewesen kennzeichnet. Er ist genauso stark wie der Trieb zur Befriedigung von Hunger und Durst oder der Drang zu Bindung und Sicherheit (Lebenserhaltung). Erst durch den Geschlechtstrieb entsteht ein unbewusstes Interesse nach Fortpflanzung und damit ein Interesse am anderen Geschlecht. Das ist die Biologie dahinter.

Wann die Pubertät einsetzt, ist bei Mädchen und Jungen sehr unterschiedlich. Mädchen sind grundsätzlich ein bis zwei Jahre früher dran als Jungs. Du bemerkst das, wenn du deine gleichaltrigen Mitschüler und Mitschülerinnen vergleichst. Mädchen erreichen ihre endgültige Körpergröße früher, ihre weiblichen Formen bilden sich, während die Jungs derselben Altersgruppe noch wie Kinder wirken.

Aber nicht nur zwischen Mädchen und Jungen bestehen große Unterschiede, auch zwischen den einzelnen Mädchen ist das der Fall. Es gibt immer Mädchen und Jungs, die deutlich früher oder später dran sind als andere. Natürlich sind auch diese ganz NORMAL! Nur Statistiken erfassen sie als „außerhalb der Norm". Normen erfassen eine statistische Mehrheit, sie erwähnen nicht, dass genau DAS uns zu Menschen macht: unvorhersehbare Unregelmäßigkeiten. Trotzdem versuche ich hier, ein paar Zahlen zu nennen.

Grob gesagt setzt die weibliche Pubertät im Alter zwischen neun und dreizehn Jahren ein. Es kann sich aber auch schon etwas früher ein leichter Brustansatz zeigen oder das Wachstum der Schamhaare beginnen. Man spricht dann von einer Frühentwicklung, was aber nichts Schädliches oder Negatives bedeutet. Genauso verhält es sich mit dem Ende der Pubertät. Tatsächlich haben wenige Mädchen ihre erste Regel auch mit fünfzehn noch nicht. Das bedeutet aber nicht, dass sie nicht normal wären, sie fallen nur etwas aus der statistischen Normalverteilung.

Jungen sind im Gegensatz zu Mädchen Spätentwickler. Bei ihnen ist der Stimmbruch das erste deutliche Anzeichen für die Pubertät. Die meisten Jungs erleben den Beginn des Stimmbruchs im Alter zwischen elf und dreizehn. Das Körperwachstum und die Formung des jugendlichen Körpers dauern Jahre. Jungs erreichen überwiegend erst NACH der Pubertät ihre volle Körpergröße und haben auch erst dann einen richtigen Bartwuchs. Vorher handelt es sich oft nur um einen zarten Flaum, der im Laufe der Jahre dichter wird.

Bei manchen Mädchen und Jungen setzt die Pubertät ganz plötzlich ein, aus Elternsicht oft „über Nacht". Bei anderen braucht es eine ganze Weile, bis die Hormone sie merklich beeinflussen. Auf jeden Fall wird es eine spannende Zeit, an die du mit viel Freude, Kopfschütteln, Lachen, aber auch mit ein bisschen Wehmut zurückdenken wirst. Freu dich darauf!

WELCHE ROLLE DEIN SELBSTBEWUSSTSEIN SPIELT

Je wohler du dich in deiner Haut fühlst, umso leichter fällt dir das Leben und umso leichter bewältigst du mögliche Probleme. Deshalb ist es wichtig, schon früh darauf zu achten, was dir guttut und was du vermeiden solltest. Du kannst dir sozusagen in guten Zeiten das Netz spinnen, das dich in schwierigen Zeiten auffangen kann. Ein Fangnetz, das dich abfedert, damit du nicht aus der Bahn geworfen wirst.

Deine Pubertät wird nicht immer leicht sein. Wenn du sie jedoch als etwas grundsätzlich Positives betrachtest, wirst du nicht darunter leiden.

Ein gesundes Körperbewusstsein und Selbstbewusstsein kommt nicht von allein. Man kann es sich aneignen, indem man negativen Betrachtungsweisen nur wenig Platz gibt. Die Fähigkeit zum positiven Betrachten einer Situation kann jeder Mensch lernen. Je besser du über die Vorgänge in einem Körper und über die Ursache Deiner Gefühle Bescheid weißt, umso leichter wird dir die Zeit fallen. Denk an das Märchen vom hässlichen Entlein, das erst nach langer Zeit zum Schwan wurde. Es musste so viel lernen, vor allem die Liebe zu sich selbst, bevor ihm ein Neubeginn als stolzer, bewunderter Schwan gelang.

Leider wurde in früherer Zeit die Pubertät als etwas Schwieriges, grundsätzlich Negatives betrachtet. Diese Sichtweise hat sich in den Köpfen vieler Menschen festgesetzt. Du solltest diese aber nicht übernehmen, denn die Pubertät kann ein wunderbares Abenteuer werden, wenn du sie als etwas Positives betrachtest. Dein Körper hat eine lange Reise zu bewältigen, deine Seele wird sich manchmal nicht wohl darin fühlen. Doch am Ende wirst du dich stolz im Spiegel als erwachsener Mann oder erwachsene Frau betrachten.

DEIN KÖRPER
EIN MEISTERWERK

DU ALS LESERIN DIESER ZEILEN BIST VERMUTLICH EIN JUNGES MÄDCHEN ZWISCHEN ZEHN UND FÜNFZEHN JAHREN. DU BIST NEUGIERIG, WEIL DU VERÄNDERUNGEN AN DIR SELBST BEMERKST. NATÜRLICH SUCHST DU NACH ERKLÄRUNGEN. VIELLEICHT BRAUCHST DU BESTÄTIGUNG FÜR DEINE GEDANKEN, DIE SICH STÄNDIG WIDERSPRECHEN.

Ich kenne deine Lage, weil ich selbst damit konfrontiert war. Auch durfte ich mit Hunderten von Mädchen, die in derselben Situation steckten wie du, sprechen und sie beraten. Ich möchte auch dich auf deinem Weg ins Erwachsenwerden bestärken. Und ich möchte dir sehr ans Herz legen, dich selbst zu lieben. So wird alles, was auf dich zukommt, leichter zu bewältigen sein.

Du als Mensch bist einzigartig und großartig. Und auch dein Körper ist es. Er hat nur eine – zugegeben ziemlich große - Hürde zu bewältigen: den Umbau vom kindlichen zum erwachsenen Körper. Versuche, die Zeit, die vor dir liegt (oder die du gerade durchlebst), einmal anders zu betrachten:

Eigentlich sind gewaltige Veränderungen nichts Neues für deinen Körper. Denke an ein neugeborenes Baby. Am schnellsten passieren körperliche Veränderungen nämlich im ersten Lebensjahr: Das Baby lernt innerhalb von zwölf Monaten zu greifen, zu sitzen, zu krabbeln, zu stehen und zu gehen. Es vervielfacht seine Körpergröße und sein Gewicht. Nun stehst du vor der zweiten massiven Veränderung deines Lebens. Und genauso wie dein erstes Lebensjahr wirst du auch diese Zeit erfolgreich hinter dich bringen.

Vor wenigen Jahrzehnten definierte die Gesellschaft anhand von zwei Merkmalen den Beginn der Pubertät. Das war bei Mädchen die erste Monatsblutung und bei Jungs der erste Samenerguss. Diese Sichtweise ist nicht mehr zeitgemäß.

Die eigentliche Pubertät setzt schon viel früher ein, nämlich dann, wenn eine GROSSE Hormonumstellung im Körper geschieht. Diese ist mit starken Stimmungsschwankungen oder Unsicherheiten, aber auch mit körperlichen Merkmalen wie verändertem Körpergeruch oder stärker fettendem Haar verbunden. Erste Härchen an den Geschlechtsorganen (Genitalien) sprießen und ein unerwartetes Interesse am anderen Geschlecht erwacht.

Staune darüber, was du in dieser Zeit alles lernen und erleben kannst. Denn nicht nur dein Körper verändert sich, auch du als Mädchen und Mensch wirst dich nachher anders fühlen. Du wirst dich selbst als erwachsene Frau sehen und auch von deiner Umgebung so wahrgenommen werden. Die Reifung des Körpers kann manchmal problematisch sein, aber auch unheimlich aufregend. Am schönsten wird sie, wenn du sie mit Freundinnen oder Schwestern zusammen erlebst, die dir zur Seite stehen. Aber auch wenn du viel allein bist, kannst du deine Pubertät als schöne Zeit erleben.

Als Erstes erfährst du im Anschluss, warum sich dein Körper plötzlich verändert. Was bringt ihn denn dazu? Schließlich erkläre ich dir, wie er sich verändert und was das für dich bedeutet.

ES BEGINNT MIT DEN HORMONEN

Am Anfang aller Veränderungen stehen Stoffe, die eine geradezu magische Wirkung haben. Diese Stoffe nennen sich Hormone. Du kannst sie dir als chemische Stoffe vorstellen, die sich mit einer „Botschaft oder Information" auf den Weg durch deinen Körper machen. Wenn sie beim entsprechenden Organ angekommen sind, wird die Botschaft - auf chemischem Weg - gelesen und als Befehl verstanden. (Hormone können nämlich nur auf bestimmten Oberflächen, für die sie bestimmt sind, andocken.)

Die hormonellen Botschaften gelangen so zu den Hautzellen, den Haarwurzeln, zum Brustgewebe und natürlich auch zu den Eierstöcken oder Hoden. Und dann passiert, was passieren muss. Die Pubertät setzt so richtig ein. Damit du die Namen der wichtigsten Hormone kennst und auch verstehst, worum es geht, merke dir die folgenden Bezeichnungen. Diese Hormone mischen bei der Veränderung deines Körpers nämlich richtig mit:

Das wichtigste weibliche Hormon ist das Östrogen. Warum werden wir nicht schon in der Kindheit zu Frauen? Das ist einfach erklärt! Die Thymusdrüse, die sich hinter deinem Brustbein befindet, verhindert, dass die Pubertät zu früh einsetzt. Zu viele andere Entwicklungen müssen erst im Körper eines Kindes abgeschlossen sein, bevor eine Pubertät möglich ist. Wenn die Thymusdrüse ihre Tätigkeit einstellt, werden andere Drüsen, vor allem jene im Gehirn, aktiviert. Sie senden LH und FSH (Gelbkörperhormon und Follikel stimulierendes Hormon) an die Eierstöcke. Ab diesem Zeitpunkt geht es so richtig los!

Von den Eierstöcken wird Östrogen in rauen Mengen produziert. Bis dein Körper und deine Psyche sich daran gewöhnen, fühlst du dich dementsprechend einmal ganz oben, dann wieder ganz unten. Einen Tag ist dir zum Weinen und du verträgst nicht einmal die schiefen Blicke deiner Geschwister. Einen anderen Tag möchtest du nur jauchzen, bist vielleicht sogar etwas verliebt und fühlst dich auf Wolke 7.

Deine Haut spielt verrückt, du bekommst Pickel und Mitesser, vielleicht sogar eine schlimme Akne. Dein Körpergeruch verändert sich und dein äußeres Erscheinungsbild gleicht immer mehr der erwachsenen Frau, die du werden wirst. Und irgendwann setzt dann deine Periode ein, doch mehr dazu später. Wende dich bei Beschwerden, Schmerzen oder anderen Problemen an eine – am besten erwachsene – Vertrauensperson. Zu viele Legenden und Mythen kursieren unter Jugendlichen. Leider schnappen diese die verschiedensten Dinge auf und erzählen sie dann unvollständig oder falsch weiter. Deine Eltern, Lehrpersonen oder Beratungsstellen, oder auch dein Haus-, Haut- oder Frauenarzt bzw. deine -ärztin werden dir sicher weiterhelfen.

HAARE GEHÖREN DAZU

Menschen sind unterschiedlich behaart. Manche haben nur wenig Körperbehaarung, andere eine stärkere, die auch deutlicher zu sehen ist. In der Pubertät kann sich das verstärken. So wachsen die Haare an Armen, Beinen und Oberlippe stärker und fangen vielleicht an zu stören.

Seit einigen Jahrzehnten ist es zur Gewohnheit geworden, dass die meisten Mädchen, aber auch einige Jungs, diese Haare rasieren oder epilieren (auszupfen). Das kann jeder handhaben, wie er möchte. Wenn dich die vermehrte Körperbehaarung stört, findest du in Drogeriemärkten sanfte

Möglichkeiten der Enthaarung wie beispielsweise hautschonende Damenrasierer.

Neben der bisherigen Körperbehaarung beginnen Haare auch an zwei Stellen zu wachsen, wo vorher keine waren. Das sind die Achselhöhlen und der Bereich der Geschlechtsorgane. Bei Mädchen ist dies der sogenannte Venushügel und die Schamlippen. Der Sinn dieser Behaarung liegt in der Natur: Damit will sie sichergehen, dass sich Duftstoffe und damit Sexuallockstoffe länger und besser halten und vom anderen Geschlecht schneller wahrgenommen werden.

Auch die Haare an den Genitalien finden viele Mädchen unschön. Dies ist ein der momentanen Mode unterworfener Trend. Du kannst diesem Trend folgen, musst aber nicht.

Noch vor wenigen Jahrzehnten hätten Frauen oder Männer zwar die Achseln, doch niemals die Genitalien enthaart. Manche Frauen mögen es nicht, wenn ihre Vulva der eines jungen, unbehaarten Mädchens gleicht. Andere wiederum fühlen sich nur so sauber und attraktiv. Finde selbst heraus, was dir gefällt.

Bedenke bei den Produkten, die du wählst und kaufst, dass sie körperlich gut verträglich und unbedenklich sind. Dazu musst du dich ein wenig informieren oder die Fachleute in den Geschäften befragen. Vor allem bei Enthaarungscremes für den Intimbereich musst du vorsichtig sein, dass sie keine Allergie an der empfindlichen Haut auslösen. Damenrasierer werden meist gut vertragen. Wer sich für Harzen oder Wachsen im Kosmetikinstitut entscheidet, muss zwar für einen Moment einen heftigen Schmerz aushalten können, hat aber dann lange seine Ruhe, da die Haare dann langsamer nachwachsen.

DAS BRUSTWACHSTUM

Die Östrogene wirken auch auf das Gewebe hinter deinen Brustwarzen ein. Dort liegt schon bei kleinen Mädchen ein Drüsengewebe, das später einmal den Nachwuchs ernähren soll, indem es Milch produziert. Dieses Drüsengewebe wird durch den Hormoneinfluss wachsen – bei einem Menschen mehr, beim anderen weniger.

Egal, welche Form und Größe deine Brüste haben oder haben werden: Sie werden ihre Aufgabe erfüllen, später einmal, wenn du dich entschließt, Kinder zu haben. Zunächst jedoch sind sie das sichtbarste Zeichen deiner Weiblichkeit. Sie machen dich auch äußerlich zur Frau und sind somit ein wichtiges Geschlechtsmerkmal.

Vielleicht hast du schon die Begriffe primäre und sekundäre Geschlechtsmerkmale gehört? Primäre Geschlechtsmerkmale sind die Hauptmerkmale des Geschlechts, also die Geschlechtsorgane selbst. Mit sekundären Merkmalen sind alle anderen gemeint, die deiner Umwelt schon von Weitem zeigen, dass du ein Mädchen bist: die körperlichen Rundungen an Hüften und Taille, die schmalen Schultern, die Brüste und die weibliche Stimme.

Viele Mädchen bedauern es, eine zu kleine Brust zu haben, sie fühlen sich unweiblich oder nicht als Frau wahrgenommen. Doch auch sie lernen mit der Zeit, ihren Busen zu lieben.

Versuche dich auch hier im positiven Betrachten deiner Situation:

Eine kleine Brust hat viele Vorteile gegenüber einer großen. Der Rücken wird geschont, die BH-Träger schneiden nicht in die Schultern, die Last beim Sport ist geringer. Du hast außerdem viel mehr Auswahl bei schönen Bikinis oder ausgeschnittenen Kleidchen. Du musst auch nicht unbedingt immer einen BH tragen. Optisch kannst du kleinere Brüste leicht mit einem Push-up-BH oder doppelt gepolsterten Körbchen vergrößern, sodass sie unter enger Kleidung mehr auffallen.

In gleicher Weise können sich aber auch Mädchen mit einem auffallend großen Busen nicht wohlfühlen. Sie möchten ihn am liebsten verstecken und entwickeln dadurch oft einen sogenannten Rundrücken oder Buckel. Beim Laufen schmerzen die schweren Brüste oft, oder sie sind Anlass für Späße. Für diese Mädchen empfehle ich die für große Brüste entwickelten Minimizer-Bras. Auch gibt es spezielle Sport-BHs, um die Last abzufangen. Im Extremfall kann über eine Brustverkleinerung nachgedacht werden.

DEINE GESCHLECHTSORGANE

Deine Geschlechtsorgane oder Genitalien liegen zum Großteil im Verborgenen. Das heißt, sie befinden sich gut geschützt im Unterleib, vom Becken und Fett- und Bindegewebe eingehüllt. Das hat für ein Mädchen Vor- und Nachteile.

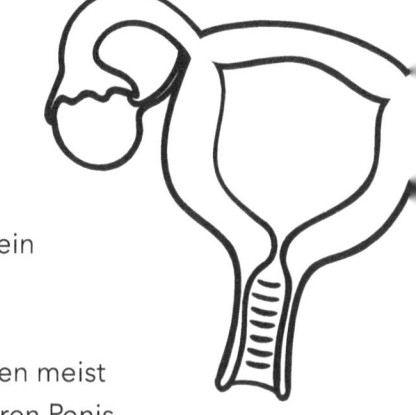

Jungs haben zu ihren Geschlechtsteilen meist eine natürlichere Beziehung, da sie ihren Penis mehrmals täglich beim Urinieren in Händen halten. Auch ihre Hoden sehen sie mehrmals am Tag. Von Kindheit an wird über ihre Geschlechtsteile natürlicher und häufiger gesprochen als über die Geschlechtsorgane von Mädchen.

Deshalb haben manche Mädchen gar keinen Namen dafür. Manche geben ihren Geschlechtsteilen einen Kosenamen, manche gar einen Fantasienamen. Manche Mädchen nennen ihre äußeren Geschlechtsorgane aufgrund der äußeren Ähnlichkeit Schmetterling, andere nennen sie liebevoll Muschi, Pflaume oder Feuchtgebiet. Alles ist in Ordnung, solange der Name für dein Geschlechtsorgan respektvoll und angemessen ist.

Es ist also wichtig, dass du deinen Geschlechtsorganen einen Namen gibst, so wie du auch deine Arme, Beine, Hände und Füße benennen kannst. Schäme dich nicht, diese Namen auszusprechen, denn sie gehören zu dir wie dein Gesicht und deine anderen Organe. Nur so kannst du mit einem späteren Partner natürlich und normal über sexuelle Bedürfnisse und Vorlieben sprechen.

Manchmal werden dir Bezeichnungen wie Möse, Fotze oder Pussy (aus dem Englischen) begegnen. Diese Ausdrücke sind abwertend und beleidigend und sollten in unserer Gesellschaft keinen Raum haben. Trotzdem will ich hier auch darüber sprechen. Viele dieser Ausdrücke kommen aus frauenfeindlichen Lagern oder auch aus der Pornografie. Einige Menschen haben nie gelernt, respektvoll über Geschlechtsorgane, Sex, Partnerschaft und Liebe zu sprechen. So überspielen sie diese Unsicherheiten mit ihrer derben Sprache. Ignoriere es, wenn jemand diese Ausdrücke verwendet, solange sie dich nicht verletzen. Sobald sie es tun, solltest du dich an eine Vertrauensperson wenden, denn du musst dir das niemals gefallen lassen.

Im Fachausdruck werden die äußeren, sichtbaren Geschlechtsorgane Vulva genannt. Die Verbindung zu den inneren Geschlechtsteilen heißt Vagina (Scheide) und die inneren Geschlechtsorgane selbst nennen sich Uterus und Ovarien (Gebärmutter und Eierstöcke).

Deine Vulva besteht aus dem rundlichen, fettgepolsterten Venushügel oben, den darunter liegenden großen und kleinen Schamlippen (auch innere und äußere Schamlippen genannt) und dem Zentrum der weiblichen Erregung: der Klitoris. Sie liegt genau dort, wo die Schamlippen sich teilen. Es handelt sich um einen nicht gut sichtbaren, aber umso besser spürbaren, kleinen Knoten, der von der

Klitorisvorhaut bedeckt ist. Dieser kleine Knoten birgt eine gigantische Anzahl von Nervenenden, die für die sexuelle Erregung der Frau verantwortlich sind. Wer diesen kleinen Hügel sanft berührt und massiert, kann feststellen, dass die Erregung wächst und sexuelle Emotionen entstehen. Bei starker Erregung kann es zu einer Art Entladung im Orgasmus kommen. Mehr dazu erfährst du im Punkt Sexualität.

Der weibliche Orgasmus, der natürlich wichtig und wünschenswert ist, ist für die menschliche Fortpflanzung jedoch nicht Voraussetzung. Eine Frau kann auch ohne Orgasmus schwanger werden.

Für eine Schwangerschaft benötigt es die inneren Geschlechtsorgane. Die Verbindung von außen nach innen, eine Art muskulöser Schlauch, nennt sich Scheide oder Vagina. Sie bildet die Brücke zur Gebärmutter. Damit Samenflüssigkeit (Sperma) in diese gelangen kann, muss der männliche Penis in die Vagina eindringen. Dort findet beim männlichen Orgasmus ein Samenerguss statt und Millionen Samenzellen machen sich auf den Weg durch die Gebärmutter. Sie sind auf der Suche nach einer reifen Eizelle, um sie zu befruchten.

Wenn ein Mädchen noch nie Geschlechtsverkehr hatte, befindet sich am Eingang der Scheide oder Vagina ein dehnbares Häutchen. Es verschließt die Scheide ein wenig, aber nicht ganz. Sonst könnten ja Menstruationsblut oder Scheidensekrete nicht abfließen. Dieses Häutchen ist mehr oder weniger intakt: Durch starke Bewegungen oder auch durch das Einführen von Gegenständen kann es ein wenig beschädigt werden. Du wirst das aber kaum bemerken. Du kannst auch nicht feststellen, ob es bei dir noch vollständig oder nur mehr teilweise vorhanden ist, das kann nur ein Frauenarzt oder eine Frauenärztin.

Weil es nach dem ersten Geschlechtsverkehr meist nicht mehr erkennbar ist, wird es Jungfernhäutchen genannt. Nur „Jungfrauen", Frauen also, die noch nie Sex hatten, sind im Besitz dieses Merkmals, so glaubte man.

In der heutigen Zeit hat das Jungfernhäutchen seine Bedeutung verloren. Du kannst dir aber vorstellen, dass es früher für Männer überaus wichtig war, eine Frau zu heiraten, die „unberührt" war. Eine Frau wurde als Besitz gesehen und sollte nicht schon von einem anderen Mann „besessen" worden sein. Leider gibt es auch heute noch Kulturen, die eine Frau oder ein Mädchen so betrachten und es gilt als Schande, wenn die Tochter nicht unberührt in eine Ehe geht. Der Ehemann hat dann das Recht, die Ehe für ungültig zu erklären.

Bei vielen Frauen zeigt sich ein wenig Blut beim oder nach dem ersten Sex durch das Abreiben des Jungfernhäutchens. Das muss aber nicht sein. Manche Mädchen bluten auch dann nicht, obwohl sie noch „Jungfrauen" gewesen waren. Nun zu deinen inneren Geschlechtsorganen.

Die Gebärmutter kannst du dir vorstellen wie eine waagrecht liegende Birne. Am dicken Ende befinden sich links und rechts zwei kleine Schläuche, die Eileiter. Sie enden in zwei rundlichen Eierstöcken. Die Eierstöcke sind der Ort, an dem deine Eizellen reifen. Sie werden in einem Follikel, einem Eibläschen, ernährt. Sind sie reif und befruchtungsfähig, verlassen sie beim Eisprung die Eierstöcke. Sie machen sich auf den Weg durch einen der Eileiter in die Gebärmutter.

Genau hier ist der ideale Ort der Befruchtung, wenn sich ein Paar ein Kind wünscht. Hier sollte aber keine Befruchtung stattfinden, wenn ein Paar keinen Nachwuchs möchte. Die Tage rund um den Eisprung sind die, an denen eine Frau mit hoher Wahrscheinlichkeit schwanger wird. Die restliche Zeit des Zyklus wird sie mit hoher Wahrscheinlichkeit nicht schwanger. Eine hundertprozentig sichere Aussage gibt es jedoch nicht, da der weibliche Zyklus oft unregelmäßig ist. Außerdem wird er von Faktoren wie Stress, Fieber oder anderen Erkrankungen sowie Orts- oder Klimawechsel beeinflusst.

Wie du eine Schwangerschaft verhindern kannst, erfährst du im Kapitel „Berühren und berührt werden – Sex".

EINE WEBSITE MIT ABBILDUNGEN UND ALLEN BEZEICHNUNGEN DER WEIBLICHEN GESCHLECHTSORGANE, FINDEST DU UNTER „VERWEISE" AUF DER MICROSITE.

SCHAMGEFÜHL - GANZ NORMAL

Jeder Mensch entwickelt schon in der Kindheit ein gewisses Schamgefühl. Dieses ist uns nicht angeboren, sondern entsteht durch Anpassung an die Gesellschaft. Ein kleines Kind findet nichts dabei, nackt zu sein. Es verlangt nach keiner Intimsphäre. Doch mit zunehmendem Alter beobachtet es andere Menschen und stellt irgendwann bestimmte Gesetzmäßigkeiten fest. Menschen wollen allein zur Toilette gehen, sie sperren beim Duschen die Tür zu, sie gehen nicht nackt ins Schwimmbad und sie ziehen sich nicht im Beisein anderer Menschen um.

Nur wenn sich Menschen sehr vertraut sind, verlieren sie nach und nach ihr Schamgefühl voreinander. Dies passiert zwischen Freundinnen, die sich schon öfters nackt gesehen haben, zwischen Müttern und Töchtern, zwischen Liebenden, zwischen Menschen, die gemeinsam die Sauna oder einen FKK-Bereich aufsuchen.

Schamgefühl wird also langsam aufgrund gesellschaftlicher Normen gelernt, kann aber auch langsam wieder abgebaut werden.

Es ist normal und auch wichtig, ein gewisses Schamgefühl zu haben und dieses auch bei anderen zu respektieren. Der Intimbereich, deine primären Geschlechtsorgane also, ist dein persönlichstes körperliches Merkmal. Jeder kennt dein Gesicht, deine Haare, Ohren, Hände, deine Figur und dein Bewegungsmuster. Doch deinen Intimbereich werden nur diejenigen kennenlernen, mit denen du ganz vertraut bist. Es ist also auch eine Art Geschenk, einem anderen Menschen gegenüber Schamgefühl abzulegen und ihm Vertrauen zu schenken.

HALT! - GRENZEN SETZEN

Leider gibt es Menschen, die andere, vor allem jüngere, zu ihrem Vorteil ausnutzen. Menschen vor und während der Pubertät sind noch NICHT erwachsen. Sie leben in einer Phase der Unsicherheit und müssen ihre Rolle in der Gesellschaft erst finden. Es ist äußerst problematisch, manchmal sogar kriminell, wenn dies ein überlegener Mensch ausnutzt.

Statistiken zeigen, dass es vor allem sehr vertraute Menschen sind, die Kinder und Jugendliche zu ihrem Vorteil ausnutzen und benutzen. Am schlimmsten ist es, wenn dies eigentlich Personen sind, die das Kind oder den Jugendlichen vor Gefahren beschützen sollten.

Du kannst dir vorstellen, wie viel Überwindung es braucht, einem autoritären Erwachsenen gegenüber NEIN zu sagen. Wie soll ein Kind oder junges Mädchen jemandem Grenzen setzen, dem es bisher gehorchte und dem es bedingungslos vertraute? Einem Menschen, den es respektierte?

Doch ein lautes NEIN ist die einzige Antwort, wenn du dich mit Gesprächen, Aufforderungen oder Berührungen durch andere nicht wohlfühlst. Dein Körper gehört nicht deinen

Eltern, Geschwistern, Tanten, Onkeln, Lehrern, Lehrerinnen, dem Ausbildungschef oder sonst wem. Er gehört nur dir und du musst deutlich NEIN sagen, wenn du etwas nicht willst. Sag laut: Ich will das nicht!

Du musst dir klar darüber sein, dass es Personen geben kann, die deine Unsicherheit, dein Noch-nicht-erwachsen-Sein ausnutzen möchten. Dadurch war immer schon – bis zum heutigen Tag – sexueller Missbrauch möglich. Aber heutzutage wird mehr darüber gesprochen und auch gewarnt.

Du hast ein Recht dazu, zu entscheiden, wann du deinen Körper, deine Berührung und deine Gefühle jemandem schenkst. Niemals darf ein Erwachsener sich nehmen oder einfordern, was du nicht bereit bist zu geben. Sexueller Missbrauch ist verboten und strafbar und du bist diejenige, die vor dem Gesetz im Recht ist. Also lass dich auf keine Diskussionen ein, sondern drohe sogar mit einer Anzeige, wenn jemand dein NEIN ignoriert.

Ich spreche hier von sexuellem Missbrauch, der von Menschen aus dem eigenen Umfeld begangen wird. Dazu gehören nicht nur Berührungen oder Betatschen, sondern auch verbale Äußerungen. Mit diesen werden oft sexuelle Anspielungen oder Beleidigungen geäußert, die sehr junge Mädchen oft nicht einordnen können. Und plötzlich befinden sie sich in einer Situation, in der sie sich nicht mehr wohlfühlen und die ihnen Angst macht. Hier hilft nur klare Ansage: NEIN, auf keinen Fall!

Es gibt kaum eine Frau, die sich noch nie in einer ähnlichen Situation befunden hat. Die meisten können sich jedoch daraus befreien, ohne dass es zu Missbrauch oder gar Vergewaltigung kommt, indem sie früh genug klare Ansagen machen.

Leider werden weibliche Kinder und Jugendliche auch heute noch vielfach dazu erzogen, freundlich, lieb, zuvorkommend und gutmütig mädchenhaft zu reagieren. Du darfst freundlich, lieb und gutmütig sein, aber niemals in einer Situation, in der du dich bedrängt fühlst.

Junge Mädchen, die vor kurzem noch Kind waren, fühlen sich vielleicht erst beachtet, wenn sie das Begehren eines älteren Mannes bemerken. Sie können also noch nicht unterscheiden, ob es sich um ernste Komplimente handelt oder nicht. Deswegen tappen so viele junge Mädchen in die Falle, wenn sie plötzlich im Fokus der Aufmerksamkeit eines erwachsenen Mannes stehen. Aus dem anfänglichen Sich-geehrt-Fühlen entsteht Angst.

Auch in den sozialen Medien findet dieses Phänomen statt. Sobald dich jemand mit Sex-Witzen, zweideutigen Anspielungen, pornografischem Material belästigt oder dich auffordert, ihm Fotos von dir zu senden, macht er sich schuldig. Wehr dich! Schreibe das Vorgekommene mit Datum in dein Tagebuch oder in deine Notizen, im besten Fall machst du ein Foto oder einen Screenshot davon. Erzähle es einer Person deines Vertrauens, vor allem, wenn sich die Situation wiederholt.

SCHWIMMPAUSE? – ALLES ÜBER DEINE PERIODE

Es gibt unendlich viele medizinische, biologische und gesellschaftliche Ausdrücke für die Blutung aus der Scheide. Weil sie in bestimmten Zeitabständen passiert, nenne ich sie hier Periode. Andere häufige Bezeichnungen sind Menstruation, Regel, „Tage", Monatsblutung. Mädchen untereinander kennen die verschiedensten „Codes", um einander mitzuteilen, dass sie gerade ihre Periode haben: Erdbeerwoche, Tamponwoche, Frauenproblem, Unwohlsein und so weiter.

Es handelt sich um ein großes Mysterium, solange ein Mädchen ihre Periode noch nicht hat. Wenn sie dann endlich kommt, sind die meisten Mädchen stolz und froh. Doch schon bald werden die Tage der Blutung lästig und verhasst. Mädchen stöhnen, jammern, scherzen und hadern damit. Schließlich müssen sie sich zehn bis fünfzehn Mal pro Jahr damit herumschlagen. Mit den Monaten und Jahren jedoch lernt „frau" damit umzugehen und denkt gar nicht mehr viel darüber nach. Eins sollst du jetzt aber schon wissen: Wer will, kann auch MIT seiner Periode ALLES, aber wirklich ALLES tun, was sie auch sonst tun würde.

Was passiert da eigentlich?

Die Periode ist DAS Zeichen, dass du nun Kinder bekommen kannst. Zum ersten Mal hat sich deine Gebärmutter darauf vorbereitet, ein Baby auszutragen. Ab diesem Zeitpunkt musst du dafür sorgen, nicht schwanger zu werden, wenn du mit einem Jungen Geschlechtsverkehr hast.

Irgendwann zwischen deinem zehnten und sechzehnten Lebensjahr wirst du einen Blutfleck in deinem Slip entdecken. Weil zu wenig darüber gesprochen wird, haben manche Mädchen Angst, Unmengen an Blut zu verlieren. Sie denken, dass sich innerhalb von Sekunden ein großer Blutfleck auf ihren Jeans bildet und sie nicht mehr unter die Leute gehen können. Diese Angst ist unbegründet. Die Blutung geht langsam los und schleicht langsam aus.

Du hast genügend Zeit, die Blutung mit Binden oder Tampons aufzufangen. Zwischen Beginn und Ende der Blutung gibt es natürlich Tage, an denen du viel Blut verlierst und an denen du mehrmals deine Hygieneprodukte wechseln musst. Eine Periode dauert mehrere Tage, unter Umständen sogar mehr als eine Woche. An den letzten Tagen jedoch genügt meist eine dünne Slipeinlage, da es nur mehr zu sogenannten Schmierblutungen (kleinen, dunklen Flecken) kommt.

Warum kommt es zu dieser, zugegeben oft lästigen Blutung? Wenn eine Eizelle befruchtet wird, fängt sie an, sich zu teilen. Durch die fortschreitende Zellteilung wächst sie zu einem Baby heran. Um zu wachsen, benötigt sie Nahrung, die sie in den ersten Tagen aus der Gebärmutterschleimhaut bezieht. Du musst dir diese Schleimhaut im Inneren der Gebärmutter wie ein weiches, warmes Nest vorstellen, in dem sich die befruchtete Eizelle einnistet.

Kommt es NICHT zu einer Befruchtung, wird die weiche, dichte, stark durchblutete Schleimhaut ausgestoßen. Es kommt zu einer Blutung. Was da ausgestoßen wird, ist aber nicht reines Blut, sondern eine stark durchblutete Schleimhaut. Ist dieses Abstoßen erledigt, baut dein Körper im nächsten Zyklus (so werden die Zeitabstände von einer zur nächsten Regel genannt) erneut eine dichte Schleimhaut in der Gebärmutter auf. Das geschieht so lange, bis eine neue Eizelle in den Eierstöcken herangereift ist (etwa zwei Wochen lang). Wenn sie reif ist, verlässt die Eizelle den Eierstock durch den Eisprung. Der Körper hat sich also erneut – wie jeden Zyklus bis zum Ende deiner fruchtbaren Jahre – darauf vorbereitet, einer befruchteten Eizelle ein Heim zu geben. Sie könnte sich einnisten und ein neues Lebewesen würde entstehen: dein Kind und das deines männlichen Sexualpartners.

Blut und Ausfluss

Was während der Periode deinen Körper verlässt, ist also die Innenauskleidung der Gebärmutter. Du wirst feststellen, dass die Flüssigkeit nicht wie normales Blut aussieht. Sie ist etwas dunkler und oft sind festere Anteile, also gestocktes Blut, sichtbar. Diese Innenauskleidung ist eine Schleimhaut, die stark durchblutet ist und mehrere Millimeter dick sein kann. Bis diese komplett abgestoßen ist, kann es mehrere Tage dauern, deshalb musst du ein wenig Geduld haben. Am stärksten ist die Blutung meist gegen Ende des ersten bis zum dritten Tag.

Doch die Gebärmutter sondert nicht nur Blut und Schleimhaut ab. Im Lauf eines Zyklus gibt sie auch den sogenannten Zervixschleim (aus dem Gebärmutterhals) ab. Dieser ist – je nach Fruchtbarkeit – verschieden und meist farblos bis leicht gelblich. Manchmal ist die Scheide trocken, ein anderes Mal ist so viel Zervixschleim vorhanden, dass dieser spinnbar ist. Das heißt, du kannst daraus Fäden spinnen (ähnlich wie bei viel Speichel im Mund). Das ist ein Zeichen, dass du gerade sehr fruchtbar bist und deinen Eisprung hast.

Man nennt diese Absonderungen auch Ausfluss. Wenn dieser weißlich bis hellgelb ist und nicht juckt, ist alles in Ordnung. Doch manchmal nimmt er eine dunklere Farbe an und die Scheide und Schamlippen jucken. In diesem Fall hilft dir eine Ärztin oder ein Arzt deines Vertrauens weiter. Viele Mädchen bekommen im Laufe ihres Lebens ein oder mehrmals einen Scheidenpilz, der den Ausfluss verfärben kann und Juckreiz auslöst. Mit Salben und Zäpfchen ist dieser schnell beseitigt.

Es gibt viele Hilfsmittel, wie du die Flüssigkeiten aus deiner Scheide auffangen kannst. Man nennt sie auch Hygiene- oder Menstruationsprodukte für die Frau. Mehr dazu erfährst du den kommenden Seiten.

Krämpfe und PMS

Viele Mädchen und Frauen spüren schon Tage vor der Regel, dass es bald so weit ist. Ein leichtes Ziehen im Unterleib kündigt die Periode an. Doch vor allem merken aufmerksame Beobachterinnen, dass sie psychisch anders drauf sind. Sie sind verletzlicher, weinen häufiger ohne besonderen Anlass, sie sind einfach besonders sensibel. Wenn diese Symptome ausgeprägt sind und sich beinahe jeden Zyklus zeigen, spricht man von PMS oder prämenstruellem Syndrom. Die Vorsilbe prä- bedeutet in diesem Fall vor-. Sobald die Regel dann einsetzt, verschwindet die Traurigkeit oder auffällige Empfindlichkeit wieder.

Leider haben viele Mädchen und Frauen starke Schmerzen während der ersten Zeit ihrer Periode. Die Gebärmutter zieht sich krampfartig zusammen, um die Schleimhaut besser loszuwerden. Diese Krämpfe tun oft sehr weh. Bei manchen Mädchen helfen nur krampflösende Schmerzmittel, die sie während der ersten zwei oder drei Tage nehmen müssen. Anderen genügen Hausmittel wie Tees aus Frauenmantel, Mönchspfeffer, Kamille, eine Wärmflasche für den Bauch, oder spezielle Regelschmerz-Pflaster.

Wenn du unter starken Schmerzen leidest, lass dir helfen. Probiere die verschiedenen Mittel aus und finde heraus, was für dich passt. Du brauchst nicht zu Hause zu sitzen und fünf Tage zu leiden. Oft eignet sich Ablenkung am besten gegen körperliches und psychisches Leiden während der Periode. Lebe so, wie du auch sonst leben würdest. Irgendwann vergisst du, dass du deine Regel hast, und lernst sie als Teil deines Körpers und als wichtige Funktion zu akzeptieren.

Nicht immer gleich, trotzdem richtig

Einigen Mädchen macht es zu schaffen, dass sie scheinbar in kein Muster passen. Ihre Tage dauern länger als bei den meisten anderen, die Zeitabstände dazwischen sind entweder extrem lang oder extrem kurz. Manchmal kommt die Regel wochenlang nicht, obwohl sie wissen, dass sie nicht schwanger sind. Es scheint sich einfach keine Regelmäßigkeit der Regel einzustellen.

Doch lass dich beruhigen, falls du zu dieser Gruppe gehörst. Auch diese Unregelmäßigkeit ist zu einem gewissen Grad normal. Alle Abläufe werden von Hormonen geregelt, und deren Produktion ist nicht immer gleich stark. Die Drüsen, die unsere Hormone bilden, sind sehr empfindlich gegenüber Stress, Schlafmangel, langen Reisen und ungewohntem Tagesrhythmus.

Auch können sich Stress oder Krankheiten auf die Hormonproduktion auswirken. Dann kommt es als Folge eben zu einer unregelmäßigen oder sogar einmal ausgesetzten Periode. So mancher Körper braucht nicht nur Monate, sondern Jahre, um hier eine gewisse Regelmäßigkeit zu erreichen. Die meisten Frauen bestätigen, dass sich nach der Geburt ihres ersten Kindes die Regelmäßigkeit der Periode verbessert und das Schmerzempfinden nachlässt.

Menstruationsprodukte, die helfen

Wer die Wahl hat, hat die Qual. Als junges Mädchen musst du erst einmal ausprobieren, was dir am besten liegt. Fühlst du dich wohler, wenn du nichts spürst, also keine Hygieneprodukte im Slip und keine Feuchtigkeit an der Vulva? Dann wirst du das Menstruationsblut wohl eher im Inneren deines Körpers, also direkt in der Scheide, auffangen wollen.

Wenn du dich jedoch mit dem Gedanken nicht wohlfühlst, dass sich ein Fremdkörper im Inneren deines Körpers befindet, wirst du dich wohl für ein anderes Hygieneprodukt entscheiden. Saugfähiges Zellstoffmaterial wie Watte, das zu Binden verarbeitet wird, kann eine große Menge an Flüssigkeit aufnehmen.

Wichtig ist, dass du dich - dir selbst zuliebe - um eine gute Monatshygiene kümmerst. **Tampons** sind normalerweise einzeln hygienisch verpackt. Hier wäschst du dir einfach vor dem Tamponwechsel die Hände und wickelst den gebrauchten Tampon in ein wenig Toilettenpapier, bevor du ihn zum Müll (nicht in die Toilette!) gibst. Eine nachhaltige Lösung sind dagegen wiederverwendbare **Schwammtampons**.

In der Tamponpackung befindet sich normalerweise eine Anleitung in Worten und Bildern, wie du am besten beim Einführen vorgehst. Auch für ein unerfahrenes Mädchen ist das nicht schwierig, doch braucht es ein wenig Übung. Vor allem solltest du ganz entspannt sein. Dir kann nichts passieren, außer, dass du den Tampon nicht tief genug einführst. Aber keine Sorge, das spürst du sofort, denn dann fühlt er sich wirklich wie ein Fremdkörper an.

Am einfachsten gelingt es dir, wenn deine Scheide ein wenig feucht ist, der Tampon also leichter rutscht. Nur wenn er richtig liegt, spürst du ihn nicht. Fühlt er sich unangenehm an, liegt er zu weit vorn, dann musst du ihn mit dem Mittelfinger weiter nach hinten in Richtung Gebärmutter schieben. Wenn du zur Toilette musst, ist der Tampon kein Hindernis, denn die Harnröhre hat ihren Ausgang ein wenig oberhalb der Scheide und Urin berührt ihn nicht. Nur solltest du am WC den Faden des Tampons etwas nach hinten halten, damit er sich nicht mit Urin vollsaugt. Beim großen Geschäft hältst du ihn nach vorn.

Menstruationstassen sind kleine Behälter aus medizinischem Silikon. Auch diese spürst du nicht. Eine Tasse kann eine ziemlich große Menge Blut aufnehmen, doch länger als 8 Stunden sollte sie nicht im Körper verbleiben. Beim Anwenden von Menstruationstassen musst du doppelt hygienisch vorgehen: Sowohl deine Hände als auch die Tasse müssen mit heißem Wasser und einer milden Seife gereinigt werden. Nach der Periode, also nach einigen Anwendungen, wird die Tasse ausgekocht oder in der Mikrowelle sterilisiert und bis zur nächsten Periode aufbewahrt. Das Aufsetzen der Tasse benötigt etwas Übung. Zwei oder drei Zyklen musst du schon Geduld haben, aber dieses Utensil bietet auch große Vorteile: Du sparst im Laufe der Jahre eine Menge Geld und vermeidest eine Menge Müll.

Die Anwendung von **Binden** verschiedener Dicke und Saugstärke ist wohl am einfachsten. Du umwickelst sie mit Toilettenpapier und wirfst sie nach Benutzung in den Badezimmer- oder Toiletteneimer. Binden sind auf der Unterseite mit Klebstreifen versehen, damit sie gut im Slip positioniert werden können. Der Nachteil dieser Art von Hygiene ist der anfallende Müll und natürlich auch die Kosten. Außerdem kann, wenn du nicht aufpasst, so am ehesten der typische Menstruationsgeruch auffallen. Er entsteht durch Blut, das sich an der Luft zersetzt. Dies riecht anfangs nicht unangenehm, doch wer zu lange mit dem Bindenwechsel und der Reinigung der Intimregion rund um die Vulva wartet, fängt an zu riechen.

Wenn dir Tampons, Menstruationstassen, oder Binden nicht gefallen, kannst du auch auf spezielle **Perioden-Unterwäsche** zurückgreifen. Dieses Slips sind besonders bequem geschnitten und unter deiner Kleidung kaum zu spüren. Austretendes Blut nehmen sie sicher auf und verhindern, dass unangenehme Spuren an deiner Hose zu sehen sind. Sie eignen sich außerdem sehr gut für körperliche Aktivitäten, bei denen andere Produkte stören könnten. Ein weiterer Vorteil ist, dass sie wiederverwendbar und damit sehr umweltverträglich sind. Nach Gebrauch werden sie einfach gewaschen, wie andere Unterwäsche auch.

> AUF DER MICROSITE HABE ICH DIR UNTER „EMPFEHLUNGEN" FÜR MÄDCHEN PASSENDE MENSTRUATIONSPRODUKTE ZUSAMMENGESTELLT.

KÖRPERPFLEGE IN DER PUBERTÄT

Weil sich dein Körper so stark verändert, musst du auch viele Gewohnheiten ändern. Körperpflege war dir als Kind vermutlich nicht wichtig. Deine Eltern haben sie für dich übernommen oder dir gesagt, was du tun sollst: Zähne putzen, baden, Hände waschen. Doch nun bist du Chefin über deinen Körper und du entscheidest, was du wann, wie oft und auf welche Weise machst. Zur Körperpflege gehört jedoch viel mehr als Reinigung. Ein sich verändernder Körper braucht nicht nur eine gesunde Ernährung, er will auch bewegt werden und genügend Schlaf bekommen. Finde heraus, was du deinem Körper in der Pubertät Gutes tun kannst.

Dein Wachstum

Alles an deinem Körper wächst jetzt in die Länge: Arme, Beine, Finger und Zehen, ja sogar Ohren und Nase. Aus dem niedlichen Kindergesicht wird das Gesicht eines jungen Mädchens oder einer jungen Frau. Das Längenwachstum beginnt bei Mädchen früher als bei Jungs und ist auch etwas früher abgeschlossen. Dein Körper schafft unter Umständen zwischen fünf und zehn Zentimetern pro Jahr. Mädchen bleiben durchschnittlich zehn bis zwanzig Zentimeter kleiner als Jungs. Weil ihre Pubertät aber ein oder zwei Jahre früher beginnt, sind sie ein paar Monate ihres Lebens ein ganzes Stück größer als Jungs.

Für dieses Wachstum benötigt dein Körper eine Menge Energie. Am Anfang der Pubertät nehmen viele Mädchen deshalb stark ab, werden richtig dünn oder gar mager. Etwas später dann gewöhnen sie es sich an, mehr zu essen, weil sie nun grundsätzlich mehr Hunger verspüren. Gegen Ende der Pubertät passiert dann oft etwas, das viele Mädchen unglücklich macht: Sie nehmen plötzlich schnell zu, auch weil sie in der Zeit der Pubertät weniger Lust haben, sich zu bewegen. Zu viel anderes beschäftigt Geist und Körper, Probleme mit den Eltern, der Schule, dem Aussehen, der Periode. Diese überflüssigen Kilos wirst du aber normalerweise durch gesunde Ernährung und Sport bald wieder los. Grundsätzlich ist es in der Pubertät noch wichtiger als sonst, sich regelmäßig zu bewegen und sich gesund zu ernähren.

Gesunde Ernährung

In allen Lebensphasen brauchen wir eine gesunde Ernährung. Sie ist der Treibstoff, der uns Energie und Gesundheit verleiht, mit etwas Glück bis ins hohe Alter. Gerade in der Pubertät gilt dies für dich besonders.

Ich habe schon erwähnt, dass einige Mädchen in kurzer Zeit viel Gewicht zulegen. Um das zu vermeiden, solltest du hier früh genug gegensteuern. Wenn du merkst, dass du etwas dicker geworden bist als du möchtest, bewege dich mehr und vermeide, wo du kannst, Zucker und Fett. Diese befinden sich größtenteils in Limos und Fast Food.

Hast du Heißhunger auf Süßes, gönn dir einen Teelöffel Honig oder getrocknete Früchte. Möchtest du am liebsten gleich drei Burger verdrücken, trink erst langsam einen halben Liter Wasser und iss einen Apfel. Verzichte wenigstens an drei Tagen pro Woche auf Süßigkeiten und Knabbergebäck. Du wirst sehen, diese wenigen Tipps helfen enorm.

Wenn du unter stärkerem Übergewicht leidest, solltest du eine Ernährungsberatung in Anspruch nehmen, die dir noch mehr Tipps geben kann. Diese sind dann genau auf dich zugeschnitten.

Zu diesem Thema möchte ich dir etwas sehr Wichtiges mitteilen, dessen du dir stets bewusst sein solltest: Die jungen Frauen und Mädchen aus Film, Fernsehen und den sozialen Medien sind NICHT die Norm. Kaum eine Frau sieht in Wirklichkeit so aus. Ihre Beine werden mittels Computerprogrammen verschlankt, ihre Taille geschönt. Sie sind geschminkte Kunstprodukte.

Die Hauptsache ist, dass du dich in deinem Körper wohlfühlst. Auch wenn er eine Weile nicht mehr so aussieht, wie du das als ganz junges Mädchen gewohnt warst, du wirst ihn sicherlich bald wieder lieben und stolz im Spiegel betrachten können.

Schlafen

Um zu regenerieren, braucht jeder Körper Schlaf, Menschen als auch Tiere. Sogar Pflanzen wechseln zwischen Ruhe- und Aktionsphasen. Regenerieren bedeutet für uns Menschen zwei Dinge: Wir müssen unsere Energiespeicher wieder füllen UND wir müssen unsere Körperbausteine, die Zellen, vervielfältigen oder erneuern. Genau dies ist der Fall, wenn du wächst. Zellen verschiedener Arten, wie Knochen-, Muskel- oder andere Gewebezellen, müssen entstehen. Darum benötigen Babys und Kleinkinder auch so viel Schlaf. Je älter man wird, umso langsamer werden die Prozesse der Regenerierung im Körper. Ältere Menschen schlafen oft nur noch wenige Stunden pro Nacht.

Auch du als Mädchen vor oder in der Pubertät wirst jetzt mehr Schlaf benötigen. Oft fehlt der Umwelt das Verständnis dafür. Du wirst ungerechterweise als Faulpelz bezeichnet, der den Vormittag im Bett und den Nachmittag auf der Couch verbringt. Übertreibe es nicht mit der Faulheit, aber gönne deinem Körper diese Phasen der Erholung und des Abschaltens. Vor allem, behalte einen gewissen Rhythmus bei. Der Nachtschlaf ist immer noch der erholsamste und gesündeste, weshalb du nicht regelmäßig die Nacht zum Tag machen solltest und umgekehrt.

Verwöhne dich und deinen Körper vor dem Schlaf mit einer Tasse deines Lieblingstees. Leg dich auch tagsüber manchmal hin und entspanne bewusst bei deinem Lieblingssong. Nutze die Ruhephasen für kleine Do-it-yourself-Wellness-Behandlungen. Belohne deine Haut mit einer Maske oder verwöhne deine Augen mit frischen Gurkenscheiben. Alles, was dich entspannt, tut deinem Körper und deiner Seele gut.

Es heißt, solange man gut und tief schlafen kann, hat man die Kraft, jedes Problem in den Griff zu bekommen. Wenn du aber öfter unter Schlafstörungen leidest, können dir natürliche pflanzliche Stoffe wie Melisse, Baldrian, Passionsblume oder Hanföl helfen. Diese gibt es in Tropfenform oder als Tee. Auch Tabletten mit konzentrierten pflanzlichen Wirkstoffen können helfen.

Das Schlafhormon Melatonin wird in Apotheken schon an Kinder abgegeben, die unter Schlafstörungen leiden. Diese Mittel, die meist über die Mundschleimhaut aufgenommen werden, helfen dir über zeitweise Schlafprobleme und haben keine Nebenwirkungen.

Sport

Sport hat wichtige Funktionen: Er hält deinen Körper fit und vermeidet, dass du nun zu schnell zunimmst. Und er kann dir bei der Bewältigung psychischer Probleme helfen! Wir wissen heute, dass bei sportlicher Betätigung Glückshormone entstehen, die sich für dein Gehirn wie eine Belohnung anfühlen. Auch Schokolade hat diesen Effekt, jedoch bewirkt diese Süßigkeit bei übertriebenem Genuss, dass du Gewicht zulegst.

Du kannst dich beim Sport mit Freunden treffen und neue Menschen kennenlernen. Es ist erwiesen, dass pubertierende Menschen schwierige Zeiten in ihrer Pubertät leichter bewältigen, wenn sie sich sportlich betätigen, am besten in einem Verein. Jedes Hobby, das dir Freude macht, hat einen ähnlichen Effekt.

Doch auch lange Spaziergänge mit einer Freundin oder deinem Hund zeigen schon Wirkung. Gehe in den Wald, laufe über die Felder, horche der Natur zu und freue dich über deine Gesundheit.

Körperhygiene

Nicht nur die Intimzone riecht während der Periode anders als gewöhnlich. Durch die vermehrte Hormonproduktion fängt der gesamte Körper an, anders zu riechen. Es wird mehr Fett bzw. Talg produziert, was zu einer fettigeren Gesichtshaut und zu schnell fettenden Haaren führt. Der Achselschweiß riecht intensiver, manchmal richtig unangenehm.

Grund sind nicht nur die Hormone, sondern auch die abgesonderten Sexuallockstoffe, Pheromone genannt. Sie werden im Schweiß aufgelöst und gelangen so in die Luft. Biologisches Ziel dieser Pheromone war es in den Anfangszeiten der Evolution, einen Sexualpartner leichter ausfindig zu machen. Im Tierreich spielen sie immer noch eine große Rolle. Auch fühlen sich manche Menschen angeblich stark vom Geruch des Sexualpartners oder der -partnerin angezogen, starke Körpergerüche stören sie nicht. „Man kann sich riechen oder nicht", heißt es.

Umso mehr bedeutet diese körperliche Veränderung, dass du dich nun häufiger waschen musst. Bakterien auf der Haut, die Schweiß und seine Inhaltsstoffe zersetzen, verursachen unangenehme Gerüche. Du kannst dies eindämmen oder verhindern, wenn du dich mit milden Lotionen oder Seifen wäschst. Auch Deos beugen der Zersetzung des Schweißes durch Bakterien vor.

Mittlerweile scheiden sich die Meinungen, ob man wirklich jeden Tag duschen muss. Sogar Promis outen sich und gestehen, dass jeden zweiten oder gar dritten Tag genug sei. Du solltest das tun, was für dich und deine Umwelt passt. Manche Menschen riechen intensiver als andere, und müssen sich aus Rücksicht auf ihre Umgebung häufiger waschen und duschen. Du wirst sicher bald herausfinden, wie du dich am wohlsten fühlst.

Willst du immer seidiges Haar und frisch duftende Haut, wirst du wahrscheinlich täglich duschen und Haare waschen müssen. Ist dir das äußere Erscheinungsbild zwar wichtig, aber etwas weniger Perfektion tut es auch, dann genügt eine Dusche wohl alle zwei Tage. Eine Ausnahme ist dann gegeben, wenn du Sport betrieben und ordentlich geschwitzt hast. Dann gehört die anschließende Dusche zur Grundhygiene.

Auf eines möchte ich hier noch hinweisen: Wasche dich nicht innerlich. Weder Scheide noch After sollten mit Seife gereinigt werden. Diese Organe sind mit natürlichen Bakterien (Flora) bestückt, die sie auf natürliche Weise reinigen. Die Darm- oder Scheidenflora werden teilweise zerstört, wenn du hier Reinigungsmittel anwendest. Dann können sich Pilze oder andere Keime leichter festsetzen. Die äußere Hygiene genügt vollkommen.

KÖRPERBEWUSSTSEIN - LIEBE DICH!

Schon als Babys können wir unsere Umwelt nur über unseren Körper wahrnehmen. Wir brauchen dazu unsere Sinnesorgane Augen, Ohren, Nase, Mund und die Haut. So nehmen wir uns irgendwann als eigenständigen Menschen wahr. Als Kleinkinder und Schulkinder geht dieser Prozess weiter, bis wir schließlich ins Jugendalter eintreten.

Hier stehst du nun. Jetzt gilt es, eine Menge wichtiger Dinge zu lernen. Dein Körper ist einzigartig wie du, er ist mit nichts vergleichbar. Du teilst zwar Eigenschaften mit anderen, doch wird es dich - sogar als eineiigen Zwilling - nie ein zweites Mal geben. Deshalb übe jetzt schon, dich selbst zu akzeptieren und zu lieben.

Je besser dein Körperbewusstsein (=Selbstwahrnehmung) sich entwickelt, umso stärker wird dein Selbstwertgefühl. Du wirst deinen Körper jetzt immer besser kennenlernen und auch die Möglichkeiten, die er dir bietet. Als Erstes wirst du spüren, dass du ein neues Gefühl von Nähe und Distanz aufbauen möchtest. Deine Eltern werden eine andere Rolle spielen als früher, du möchtest sie nicht mehr an den geheimsten Geheimnissen deines Lebens teilhaben lassen und das ist in Ordnung. Ein Teil deines Lebens gehört jetzt nur noch dir und du entscheidest, wer zu deinem „inner circle" gehören soll. Du hast das Recht, zu signalisieren, wer in deine Privatsphäre eindringen darf und wer nicht, wer dich berühren darf und wer nicht.

Stärke deine Selbstwahrnehmung, indem du dich bewusst ansiehst, jeden Teil von dir. Berühre dich selbst, finde heraus, was dir guttut und was nicht. Betrachte ganz bewusst jene Teile deines Körpers, die dir vielleicht nicht so gefallen. Berühre sie und sprich mit ihnen. Massiere liebevoll die kleinen Fettpölsterchen und lache darüber. Schau dir in die Augen und sag dir, dass du dich liebst.

Schreibe schöne Botschaften auf den Spiegel in deinem Bade- oder Jugendzimmer. Gehe auch ab und zu allein spazieren und nimm bewusst wahr, was dein Körper mit den Sinnesorganen wahrnimmt. Trau dich auch manchmal, eine Abenteurerin und eine Forscherin zu sein. Vor allem suche deinen eigenen Weg und versuche nicht, andere zu kopieren. Versuche nicht durch die Augen anderer zu sehen, sondern durch deine eigenen: Das BIN ich und das KANN ich!

Was hilft, wenn du dich mal nicht magst?

Mädchen in der Pubertät leiden oft unter einem bestimmten Phänomen: Wenn sie vorher schon schüchtern, introvertiert oder ängstlich waren, verstärkt sich nun das Problem. Sie sehen in jeder Reaktion von anderen die Bestätigung, dass sie nicht gut genug sind. Sie können Dinge nicht, trauen sich selten etwas zu, fühlen sich nicht so, wie es die Gesellschaft vermutlich gern hätte.

Wenn sie allerdings schon vor der Pubertät ein gutes Selbstwertgefühl entwickelt hatten, verstärkt sich auch dieses rasch in Zeiten der Pubertät. Sie sind selbstbewusst, werden von anderen als cool wahrgenommen und stellen sich gern in den Vordergrund.

Beide Extreme und auch alles dazwischen hat seine Berechtigung. Du bist in einer Lernphase, in der du herausfindest, was für ein Mensch du bist. Merke dir: Nichts wird so bleiben, wie es jetzt ist. Alles, jede Veränderung und jede Entwicklung in eine gewünschte Richtung sind dir möglich! Du musst nur Geduld haben und dich selbst lieben und achten. Dann wirst du herausfinden, wohin du gehen und wie du sein möchtest.

Vielleicht kennst Du die unzähligen Vorher-nachher-Bilder, auf denen durch Fachleute (Visagisten, Friseure, Stylisten) aus anscheinend hässlichen Leuten wunderschöne Menschen wurden. Diese Bilder zeigen doch, dass wir in einer Scheinwelt leben. Jeder Mensch kann schön und hässlich sein, je nachdem, wie er sich gibt. Warum können sehr alte und gebrechliche Menschen oft wunderschön wirken? Weil sie strahlen. Aus ihren Augen leuchtet ein Leben mit Höhen und Tiefen. Warum wirken stark geschminkte, overstylte Menschen oft gar nicht attraktiv? Weil sie nicht strahlen! Ihr Gesicht wirkt maskenhaft, sie kommen einem vor wie austauschbare Roboter ohne Ausstrahlung.

Auch du bist wunderschön, so wie du bist. Lass deine Augen leuchten und deinen Körper strahlen. Wenn du dich selbst liebst und dich am Leben freust, bist du ein schöner Mensch.

Es gibt körperliche und psychische Probleme, die du vielleicht allein nicht bewältigen kannst. Wenn deine Sorgen, Ängste, Hemmungen oder das Gefühl der Unvollkommenheit zu groß werden, solltest du dir Hilfe holen. Es gibt Jugendpsychologen und -psychologinnen, die dich unterstützen, damit du deine Probleme angehen kannst. Am besten vertraust du dich deinen Eltern, erwachsenen Freunden oder Bekannten oder einem Vertrauenslehrer, einer Vertrauenslehrerin an. Sie werden wissen, wohin du dich wenden kannst.

Du sollst auch in den schwierigsten Phasen der Pubertät in den Spiegel schauen und dich als wunderbaren Menschen sehen. Egal, ob Pickel im Gesicht oder ein paar mollige Pölsterchen dich stören, du und ein Körper leisten gerade Großartiges! Viele Begleiterscheinungen verschwinden bald wieder, andere zeigen sich erst in ein paar Monaten.

Du wirst noch staunen, was aus dir werden wird. Sei geduldig und behalte dir ein gesundes Selbstbewusstsein.

Vergleiche dich niemals mit anderen und schon gar nicht mit Vorgaben aus Film und Fernsehen. Dabei handelt es sich um Inszenierungen, die mit der Wirklichkeit nichts zu tun haben. Auch die sozialen Medien zeigen nicht das wahre Gesicht von Menschen, es sind Posen, geschönte oder verzerrte Bilder der Wirklichkeit. Sei du selbst und sei geduldig mit dir. Wenn dir das schwerfällt, dann stell dir noch einmal das Bild des hässlichen Entleins vor, das zum Schwan wurde.

Es mochte sich selbst nicht und weder die Geschwister noch die Tiere aus der Umgebung konnten es leiden. Es wurde verlacht und verspottet. Erst am Ende, als es zum stolzen, doch freundlichen und bescheidenen Schwan geworden war, lachte niemand mehr. Jeder Mensch benötigt Zeit für seine Entwicklung. Gib sie dir und deinem Körper, hör niemals auf, dich selbst zu lieben. Du wirst sehen, das Abenteuer Pubertät ist jede Erfahrung wert.

DEINE GEFÜHLE
EINE ACHTERBAHN

BAUSTELLE IM KOPF - WAS GEHT HIER VOR?

Nicht nur dein Körper verändert sich während der Pubertät, auch deine Gefühlswelt wird komplett auf den Kopf gestellt – und das wortwörtlich. Das liegt daran, dass dein Gehirn eine große Entwicklung durchmacht. Während der Pubertät herrscht in deinem Kopf quasi eine große Baustelle: Zwischen den Nervenzellen in deinem Gehirn entstehen laufend neue Verbindungen, gleichzeitig verschwinden andere. Schauplatz dieser umfangreichen Umbaumaßnahmen sind die Frontallappen. Dies ist der Ort im Gehirn, in dem Bewegungen kontrolliert werden. Er steuert außerdem die Persönlichkeit und das Sozialverhalten eines Menschen. Wird dieser Bereich des Gehirns nun von rechts auf links gedreht, kann sich das in Stimmungsschwankungen, Unsicherheiten, aber auch Entscheidungs- und Lernschwächen äußern.

Auch die Rolle deiner Eltern verändert sich: Deine Freunde werden dir jetzt wichtiger. Es ist eine Zeit der Selbstfindung und der Reifung. Du fängst an, die Welt mit anderen Augen zu sehen, deine eigenen Wert- und Moralvorstellungen beginnen sich zu entwickeln. Man könnte auch sagen: Du erlebst gerade einen Quantensprung in deiner Entwicklung.

All die körperlichen und emotionalen Veränderungen können dazu führen, dass du oft nicht weißt, wie dir geschieht. Doch keine Sorge: Damit bist du nicht allein. Einige Gleichaltrige schaffen diese spannende, aber auch anstrengende Zeit mit Leichtigkeit. Sie bleiben von Selbstzweifeln und schlechter Laune verschont. Diese Pubertierenden sind jedoch die Ausnahme. Wenn du mit Selbstzweifeln und Verunsicherungen zu kämpfen hast, ergeht es dir wie dem Großteil der Jugendlichen in deinem Alter. Kein Wunder! Du machst gerade einen hormongesteuerten Spagat zwischen Gerade-noch-Kind und Noch-nicht-ganz-Erwachsen in einer relativ kurzen Zeitspanne durch.

Besonders dem eigenen Aussehen wirst du nun viel Aufmerksamkeit schenken. Womöglich brauchen manche Mädchen in deiner Klasse schon einen BH, du aber noch nicht? In Magazinen und in den sozialen Medien wird dir ein perfektes Bild gezeigt, dem du selbst nicht entsprichst? Stattdessen kämpfst du gegen Pickel und andere Nebenwirkungen der Pubertät? Lass dir sagen: Diese Vergleiche machen nur unglücklich. Jeder hat seinen anderen

Zeitplan, durchläuft eine individuelle Entwicklung. Das ist vollkommen okay – und vielmehr noch: Es macht dich zu diesem besonderen Menschen, der du bist.

Du weißt: Was in den Medien und auf Social Media präsentiert wird, entspricht nicht der Realität. Photoshop und Filter verzerren diese bis zur Unkenntlichkeit. Ja, du hast richtig gelesen. Viele Stars würden sich auf dem Titelbild mancher Magazine nicht einmal selbst erkennen. So führen diese Veränderungen bei den Betrachtern oft zu Selbstzweifeln: Warum bin ich nicht so schlank, warum habe ich nicht diesen perfekten Körper, dieses schöne Gesicht, diese unglaubliche Ausstrahlung?
Versuche, diese Selbstzweifel aufgrund von Vergleichen zu ignorieren. Halte dich am besten von Kanälen fern, die dir und deinem Selbstwert schaden. Lass dich von der Außenwelt nicht unterkriegen und rufe dir immer wieder in Erinnerung: Du bist schön, so wie du bist. Du wirst bald verstehen und erleben, dass wahres Glück nicht von Äußerlichkeiten abhängt.

Es ist normal, dass sich manchmal nichts mehr gut anfühlt. Dass die Eltern und Lehrer nur noch nerven und du das Gefühl hast, dass dich keiner versteht. Aber nur weil es normal ist, heißt das nicht, dass es nicht auch wahnsinnig anstrengend sein kann. Ich möchte dir ein paar Erste-Hilfe-Tipps geben, die schon viele Mädchen in deiner Lage unterstützt haben.

Was hilft, ist, die traurigen oder schlimmen Gedanken in ein Tagebuch zu schreiben. Vom Herz in die Hand, sozusagen.

So kommst du vom Fühlen zum Tun. Das kann dich dabei unterstützen, das Gefühlschaos in deinem Inneren zu ordnen und den ganzen Frust einfach einmal rauszulassen. Schreiben ist nicht so dein Ding? Auch deinen Freunden, einer älteren Schwester oder Vertrauensperson an der Schule kannst du dich anvertrauen. Der Austausch mit anderen kann uns stärken und uns zeigen, dass wir nicht alleine sind.

Übrigens: Auch Bücher wie dieses können dir dabei helfen, schwierige Zeiten besser zu überstehen. So erfährst du, was auf dich zukommt und wie es anderen geht, die in der gleichen Situation sind wie du. Wenn du weißt, was die Pubertät für dich bereithält, wird es für die fiesen Hormone schwieriger, die Überhand zu gewinnen. Du kannst voller Selbstvertrauen dieser herausfordernden Zeit entgegensehen.

VERLIEBT SEIN

Vielleicht kennst du es schon, dieses Gefühl, wenn dir jemand nicht mehr aus dem Kopf geht? Wenn dein Herz rast und du zum ersten Mal die legendären Schmetterlinge im Bauch spürst? Wenn es dir bei einem besonderen Menschen so geht, dann ist die Wahrscheinlichkeit sehr hoch, dass du verliebt bist. Das ist wunderschön! Du kannst dich freuen, dieses Gefühl erleben zu dürfen.

Liebe kann jedoch ganz unterschiedlich sein. Es muss nicht immer so ein Gefühlschaos sein, das du vielleicht aus Filmen oder Büchern kennst. Manchmal kommt die Liebe langsam und manchmal schnell. Manchmal reicht der berühmte erste Blick, viel häufiger dauert es aber, dass sich die Liebe zu einem anderen Menschen langsam entfaltet. Meistens braucht Liebe nämlich Zeit und Vertrauen, um zu wachsen. Manchmal hat dir jemand womöglich sprichwörtlich den Kopf verdreht und du weißt gar nicht, wie dir geschieht. Manchmal kann es aber auch sein, dass die Liebe sich ganz ruhig äußert. Wie gesagt, Liebe fühlt sich für jeden ein wenig anders an. Ob du jemanden liebst, hängt nicht davon ab, wie andere die Liebe möglicherweise empfinden. Ob du jemanden liebst, kannst nur du alleine wissen. Egal, wie du persönlich Liebe empfindest, alles ist richtig und erlaubt.

Doch wie geht es weiter, nachdem man sich verliebt hat? Dafür gibt es leider keine Formel und kein Rezept. Ob du die andere Person nun zu einem Spaziergang einlädst oder ins Kino oder einfach auf dem Schulhof oder bei einer Party ansprichst – es gibt viele Wege und Arten, jemanden besser kennenzulernen. Das Wichtigste dabei ist: Du musst dich wohlfühlen. Sei du selbst und verstell dich nicht. Das mag dir vielleicht schwerfallen, aber die andere Person soll ja dich kennenlernen und dich mögen, ganz genau so wie du bist.

Am schönsten ist es natürlich, wenn die andere Person deine Gefühle erwidert und dich genau so toll findet wie du ihn oder sie. Jetzt gilt es, eure Beziehung zu pflegen und aufeinander zu achten, damit dieses schöne Gefühl so lange wie möglich anhält. Habt ihr gemeinsame Interessen, denen ihr zusammen nachgehen könnt? Oder hat einer von euch ein Hobby, das womöglich auch dem anderen Freude machen könnte? Gemeinsame Aktivitäten stärken eure Beziehung, daher geht raus und habt Spaß!

Eine wichtige Sache: Vergiss bei aller Verliebtheit nicht deine Freunde. Es ist normal, dass sich zuerst einmal die Prioritäten verschieben, wenn man verliebt ist. Trotzdem sind Freundschaften außerhalb der Beziehung nach wie vor wichtig, deshalb sollest du deine Freundschaften – genau wie deine Beziehung – weiterhin pflegen.

Wie bei anderen Freundschaften gilt es auch in einer Paarbeziehung, einander zu respektieren und ehrlich zueinander zu sein. Manchmal fühlt sich etwas – trotz Liebe – nicht ganz richtig an. Achte in so einem Fall besonders darauf, was jemand tut, und nicht bloß darauf, was jemand sagt. Taten sprechen lauter als Worte. Solltest du also feststellen, dass dir jemand immer bloß Versprechungen macht, sich dann aber nicht an diese hält, oder immer das Gegenteil von dem tut, was er oder sie sagt, wird dir diese Beziehung auf Dauer womöglich nicht guttun.

Leider passiert es auch manchmal, dass wir uns verlieben, die andere Person sich aber nicht in uns. Oder es kommt zu einer Trennung und die andere Person ist plötzlich nicht mehr bei uns. Das kann extrem schmerzhaft sein und uns sogar komplett verzweifeln

lassen. Wir durchleben Liebeskummer. Wie immer, wenn es um die Liebe geht, gibt es auch hier kein allgemeingültiges Rezept, um mit unserer Trauer und unserem Schmerz umzugehen. Es dauert einfach, bis das Herz verheilt und du all das verarbeitet hast. In der Zwischenzeit kann es dir helfen, wenn du mit deinen Eltern oder Freunden über das sprichst, was in dir vorgeht, und dich einfach einmal ausheulst.
Am besten du unternimmst etwas gemeinsam mit deinen Freunden und hast Spaß. So kannst du deinen Liebeskummer zumindest für eine Weile vergessen und wirst bald merken, dass das Leben auch ohne die andere Person schön sein kann.

LIEBE UND LUST

In einer erwachsenen Paarbeziehung sind Liebe und Lust eng miteinander verknüpft. So ist Sexualität für viele Menschen auch ein wichtiger Teil für eine glückliche Beziehung. Sex verbindet uns und bringt uns einander näher.

Dieses sexuelle Erwachen und das Eintauchen in die Welt der erwachsenen Sexualität beginnt in der Pubertät. Wir erleben zum ersten Mal ein völlig neues Lustempfinden, das sich von dem unterscheidet, was wir in unserem bisherigen Leben kennengelernt haben. So ist es auch ganz normal, dass wir beginnen, unseren Körper und unsere Lust zu erforschen.

Sind wir das erste Mal verliebt, kommt zu diesem neuen Lustempfinden noch mal eine Facette hinzu. Wir möchten unsere Lust mit einem geliebten Menschen teilen. Die Kombination aus Schmetterlingen im Bauch und Begehren – dieses Gefühl ist wunderschön und du solltest es unbedingt auskosten. Genieße deinen Partner oder deine Partnerin und die Empfindungen, die er oder sie in dir auslöst. Auch das ist Teil des Erwachsenwerdens.

SEXUELLE ORIENTIERUNGEN

Wenn wir von sexueller Orientierung sprechen, meinen wir damit, zu welchem Geschlecht sich eine Person sexuell hingezogen fühlt. In Bezug auf die sexuelle Orientierung herrscht eine große Vielfalt, bei der jede sexuelle Orientierung normal und richtig ist. Jeder von uns hat unterschiedliche Wünsche und Bedürfnisse, daher gibt es kein Richtig und kein Falsch. Das Wichtigste ist immer, dass du dich wohlfühlst. Sprich mit deinem Sexpartner oder deiner Sexpartnerin darüber, was du magst und was nicht und was ihr beide möchtet. So tut der Sex euch beiden gut und macht Spaß – ganz egal, welches Geschlecht ihr habt.

Heterosexualität

Etwa 90 % der Menschen sind heterosexuell. Das bedeutet, dass man sich zu Personen des anderen Geschlechts hingezogen fühlt, sprich ein Mann interessiert sich für Frauen und eine Frau interessiert sich für Männer. Gerade weil Heterosexualität die am weitesten verbreitete sexuelle Orientierung ist, gibt es hier auch am meisten Vorstellungen und Auffassungen, wie heterosexuelle Beziehungen zu funktionieren haben.

Diese Erwartungen von außen müssen aber keinesfalls mit deinen eigenen übereinstimmen. Daher ist es auch in heterosexuellen Partnerschaften wichtig, auf die eigenen Wünsche und Bedürfnisse zu hören und sich frei zu machen von gesellschaftlichen Erwartungen, die man womöglich weder erfüllen kann noch will. Am Ende des Tages ist auch Heterosexualität so persönlich und individuell wie andere sexuelle Orientierungen.

Homosexualität

Wenn sich jemand von gleichgeschlechtlichen Personen angezogen fühlt, sprechen wir von Homosexualität, sprich, ein Mann interessiert sich für Männer und eine Frau interessiert sich für Frauen. Solltest du also merken, dass du jemanden deines eigenen Geschlechts gut findest, lass dich nicht verunsichern. Entgegen so mancher Vorurteile, die es in Bezug auf Homosexualität leider immer noch gibt, ist Homosexualität etwas völlig Natürliches und nichts, wofür man sich zu schämen braucht. Lass dir daher von niemandem einreden, dass du so, wie du bist, nicht in Ordnung wärst. Wie du deine Sexualität lebst, bleibt ganz dir überlassen. Wie immer sind deine persönlichen Wünsche und Bedürfnisse das Einzige, woran du dich orientieren solltest.

Bisexualität

Sich zum eigenen als auch zum anderen Geschlecht hingezogen zu fühlen, bezeichnet man als Bisexualität. Falls du merkst, dass du auf Jungen UND Mädchen stehst, kann es sein, dass du bisexuell bist. Wie alle anderen sexuellen Orientierungen ist auch Bisexualität völlig normal und einfach nur eine weitere Blüte im bunten Blumenmeer der sexuellen Orientierungen.
Lebe deine Sexualität mit den Menschen aus, die dir gefallen und die dir guttun. Vielleicht kommt es vor, dass manche Personen von dir erwarten, dass du dich auf ein Geschlecht festlegst, dass du dich entscheidest. Auch die Unterstellung, Bisexualität sei bloß eine Phase, kannst du getrost ignorieren. Lass dir an dieser Stelle sagen, dass deine sexuelle Orientierung niemanden außer dich etwas angeht und dass du lieben kannst, wen du willst. Entscheidend ist lediglich, wie es dir mit deiner Sexualität geht und dass deine persönlichen Bedürfnisse erfüllt werden.

Pansexualität

Spielt das Geschlecht in Sachen Sexualität keine Rolle, sprechen wir von Pansexualität. Wenn für dich weder das körperliche noch das soziale Geschlecht eine Bedeutung haben und du sowohl Männer, Frauen als auch das soziale Geschlecht wechselnde Menschen anziehend findest, könntest du vielleicht pansexuell sein. Bi- und Pansexualität sind eng miteinander verwandt; teilweise wird ihre Unterscheidung sogar komplett abgelehnt. Daher beschreibst du deine eigene Sexualität einfach am besten mit dem Begriff, der sich für dich richtig und stimmig anfühlt. Du musst dich wohlfühlen und dich mit dem jeweiligen Begriff identifizieren können.

Asexualität

Auch wenn für den Großteil der Menschen Sexualität ein wichtiger Teil ihres Lebens ist, so gibt es doch auch Menschen, die anderen gegenüber kaum oder keine sexuelle Anziehung spüren. Diese sexuelle Orientierung nennen wir Asexualität. Wenn du nun zu denjenigen gehörst, die kein Verlangen nach Sex verspüren, ist es möglich, dass du asexuell bist. Asexuell zu sein, muss jedoch nicht zwangsläufig bedeuten, dass sexuelle Gefühle gar nie aufkommen. Manche asexuellen Menschen haben durchaus Lust auf Sex, wenn auch nur sehr selten. Andere wiederum bevorzugen den Sex mit sich selbst. Du siehst daher, auch Asexualität kann die verschiedensten Formen annehmen. Wie immer geht es nur um dich und dass deine Wünsche und Bedürfnisse im Mittelpunkt stehen.

Coming-out

In puncto sexuelle Orientierung beschreibt Coming-out den Prozess, bei dem wir uns auch nach außen hin zu unserer sexuellen Identität bekennen. Der Begriff wird nicht für heterosexuelle Menschen verwendet, da sie der Mehrheit angehören und deshalb ein solches „Bekennen" nicht benötigen.

Wer sich jedoch sexuell zu einer Minderheit zählt, möchte dies vielleicht eines Tages nach außen zeigen. Das erfordert Mut, denn niemand weiß, was auf ihn zukommt. Anfeindungen und Verständnis, Hass und Unterstützung, Spott und Freundschaft – alles ist möglich. Viele lassen sich Monate oder sogar Jahre damit Zeit. Menschen erzählen von Ängsten, Zweifeln und Sorgen, die sie vor und während des Coming-outs begleiteten. Doch die meisten gingen irgendwann gestärkt daraus hervor. Kein längeres Verstecken mehr, kein Theaterspiel, kein heimliches Beobachten des Schwarms: Wie unendlich befreiend und entlastend sich das anfühlen muss, ist nachvollziehbar!

Wenn du ein Coming-out planst, wendest du dich am besten an Menschen, die die Erfahrung bereits hinter sich haben. Vielleicht kennst du im Verwandten- oder Bekanntenkreis lesbische, schwule oder bisexuelle Menschen, die du um Rat fragen kannst. Einen Onkel, eine Cousine, einen Arbeitskollegen? Es kann aber auch ein heterosexueller Freund oder Freundin sein, der du dich anvertraust.

Wenn der erste Mensch, dem du dich öffnest, positiv auf dein Coming-out reagiert, fühlst du dich bestärkt. Deshalb reagiere nicht vorschnell – wähle diesen ersten Menschen wohlüberlegt! Du brauchst vor allem am Beginn Unterstützung und Sicherheit. Dieser erste Mensch sollte eine Person sein, die offen ist in ihrem Denken, jemand, der keine Vorurteile gegenüber sexuell anders orientierten Menschen besitzt. In herantastenden Gesprächen kannst du herausfinden, ob du die benötigte Unterstützung finden wirst oder nicht. Du kannst dich aber auch an anonyme Beratungsstellen für Jugendliche wenden, die in dieser Frage erfahren sind. Sie werden versuchen, dir mit Rat und Tat zu helfen.

EINEN LINK ZU SOLCHEN BERATUNGSSTELLEN FINDEST DU AUF DER MICROSITE.

Vergiss niemals, dass du NICHT allein bist! 10 % aller Menschen sind nicht heterosexuell, das sind im deutschsprachigen Raum fast eine Million Männer und Frauen - also eine gar nicht so kleine Minderheit!

MEIN GESCHLECHT, DEIN GESCHLECHT

Wir alle bekommen bei der Geburt ein Geschlecht zugewiesen – männlich oder weiblich. Ob wir uns unser restliches Leben jedoch auch mit diesem zugewiesenen Geschlecht identifizieren, steht auf einem anderen Blatt. Genau darum geht es, wenn wir von Geschlechtsidentität sprechen. Nur wie wir selbst uns empfinden, bestimmt unsere Geschlechtsidentität. Wir alleine entscheiden, wie wir uns selbst sehen und identifizieren, und diese höchstpersönliche Entscheidung geht niemanden sonst etwas an.
Im Folgenden findest du eine Aufzählung von Geschlechtsidentitäten, die Menschen für sich wählen können. Es kann

jedoch auch sein, dass jemand ein „Etikett" für sich selbst ablehnt, sich also selbst in keine Kategorie einordnen will. Auch das ist in Ordnung und es steht jedem Menschen frei, seine Geschlechtsidentität so zu beschreiben oder auch nicht zu beschreiben.

Cis

Cis-geschlechtliche Menschen sind jene, die sich dem Geschlecht zugehörig fühlen, das ihnen bei der Geburt zugewiesen worden ist – also männlich oder weiblich. Auch wenn dieses Geschlecht auf den ersten Blick direkt und eindeutig zu sein scheint, so hat doch jede Person ihre ganz individuellen Vorstellungen davon, was für sie oder ihn das Frau- oder Mannsein bedeutet.

Inter

Bei einem von etwa 2.000 Menschen kommt es vor, dass die körperlichen Geschlechtsmerkmale nicht ausschließlich weiblich oder männlich sind. Man spricht in einem solchen Fall von Intersexualität. Es kann sein, dass die nicht eindeutig weibliche bzw. männliche Entwicklung bereits bei der Geburt erkannt wird. Jedoch passiert es öfter, dass dies erst im Laufe der Entwicklung eines Menschen festgestellt wird.
Eltern eines intergeschlechtlichen Kindes erfahren nach wie vor Druck, das ein oder andere Geschlecht zu wählen und ihr Kind medizinisch „anpassen zu lassen".

Auch operative und hormonelle Eingriffe, um das Geschlecht genau zu definieren, gehören noch nicht der Vergangenheit an. Jedoch entwickelt sich unsere Gesellschaft in eine Richtung, in der intergeschlechtlichen Personen und auch deren Eltern zunehmend der Druck genommen wird. Sie müssen sich nicht für ein Geschlecht entscheiden.

Wie weibliche und männliche Kinder sollten auch intergeschlechtliche Kinder die Möglichkeit erhalten, frei aufzuwachsen und ihre Geschlechtsidentität, wenn sie dazu bereit sind, selbst zu bestimmen. Ein Beitrag hierzu ist der Eintrag „inter" bzw. „divers" in behördlichen Dokumenten. So wird auch von offizieller Seite signalisiert, dass es mehr Geschlechter als weiblich und männlich gibt und dass dieser Fakt auch anerkannt wird. Wenn du aufmerksam die Medien verfolgst, wirst du feststellen, dass sich immer mehr Jugendliche zu ihrem Diverssein bekennen. Sie wirken ganz natürlich, wenn sie sagen: „Ich will mich nicht als Frau oder Mann festlegen. Ich bin beides."

Binär

Der Begriff binär bedeutet „zweiteilig". In Bezug auf die Geschlechtsidentität ist die Beschränkung auf lediglich zwei Geschlechter – männlich und weiblich – gemeint. Dieses religiös und gesellschaftlich geprägte System beginnt sich immer mehr zu öffnen und wird langsam abgelöst. So wird Unterdrückung und Ausgrenzung verhindert. Alle

Menschen werden in ihrer persönlichen Individualität mit eingeschlossen.

Non-binär

Non-binär ist ein Oberbegriff, der verwendet wird, wenn sich jemand nicht in das traditionelle Geschlechtersystem einordnen möchte. Damit soll aufgezeigt werden, dass es außerhalb des Zweisystems viele weitere Geschlechter gibt. Diese unterschiedlichen Geschlechter können sein, um nur einige zu nennen: queer, trans, neutrois, agender sowie genderfluid. Weil du immer häufiger davon hören oder lesen wirst, will ich auch diese non-binären Systeme etwas erläutern.

Queer

Personen, die sich mit dem Attribut heterosexuell nicht identifizieren können, wählen für sich die Selbstbezeichnung queer. Dies soll auch die Ablehnung von gesellschaftlichen Normen zum Ausdruck bringen. Queers lehnen die Festlegung auf eine geschlechtliche Orientierung ab. So spiegelt das Wort queer die Vielfalt in Sachen Geschlechtsidentität und sexuelle Orientierung wider. Es bietet dadurch vielen Menschen ein Identifikationsangebot.

Trans

Bei diesen Menschen entspricht die Geschlechtsidentität nicht dem bei der Geburt zugewiesenen Geschlecht. Das eigene Empfinden und Erleben unterscheiden sich somit von dem, was von der Außenwelt wahrgenommen wird. Aus diesem Grund entscheiden sich transidente Menschen oft für geschlechtsangleichende Maßnahmen – wie beispielsweise Hormontherapien und Operationen. Auch das Annehmen eines neuen Namens und das Tragen von Kleidung des anderen Geschlechts sind wichtige Schritte im Prozess der Identitätsfindung.

Neutrois

Neutroise Menschen sehen sich weder als weiblich noch als männlich, sondern als geschlechtlich neutral. Der Begriff setzt sich aus den französischen Wörtern neutre für „neutral" und trois für „drei" zusammen und bezeichnet somit ein drittes, neutrales Geschlecht neben weiblich und männlich. Dabei sollte neutroise nicht mit agender verwechselt werden, denn während Menschen, die sich als agender identifizieren, sich keinem Geschlecht zugehörig fühlen, identifizieren sich neutroise Menschen durchaus mit einem Geschlecht – dem neutralen.

Genderfluid

Wenn sich die Geschlechtsidentität mit der Zeit oder in bestimmten Situationen ändert, sprechen wir von genderfluid. Das bedeutet, eine Person fühlt sich einmal mehr diesem, einmal mehr einem anderen Geschlecht zugehörig. Das kann einmal männlich, einmal weiblich sein oder auch neutrois oder agender.

BERÜHREN UND BERÜHRT WERDEN

Wir Menschen sind sinnliche Wesen. Berührungen sind Teil unseres Menschseins. Sie spielen auch in unserer Entwicklung eine zentrale Rolle. Besonders Babys brauchen Berührungen, die sie körperlich und seelisch für ihr weiteres Leben stärken. Kinder, denen körperliche Liebkosungen verwehrt werden, verkümmern und können sogar seelisch verwahrlosen.

Aber auch Erwachsene brauchen Berührungen. Unsere Psyche, unser Immunsystem – durch Berührungen werden wir auf zahlreichen Ebenen widerstandsfähiger. Sie spenden Trost und Sicherheit und schenken ein Gefühl von Liebe. Du siehst, Berührungen sind gesund und bereichern unser Leben mehr, als wir im ersten Moment vielleicht denken.

Das liegt am Hormon Oxytocin, das bei Berührungen ausgeschüttet wird. Wie seine Beinamen Bindungs-, Wohlfühl- und Kuschelhormon bereits andeuten, sorgt es für die Bindung zwischen zwei Menschen, beispielsweise bei einer Mutter und ihrem Baby. Doch Oxytocin kann noch viel mehr. Es spielt nämlich auch bei der Regulierung des Blutdrucks und des Cortisolspiegels (Cortisol ist ein weiteres Hormon, nämlich ein Stresshormon) eine zentrale Rolle. Oxytocin kann dir also dabei helfen, dich zu entspannen und die Folgen von Stress besser zu verarbeiten.

Wenn du älter wirst, verändert sich auch dein Bedürfnis nach Berührung. Während Berührungen deiner Eltern für dich als Baby noch überlebenswichtig waren, scheinen sie mit zunehmendem Alter einen Teil ihrer Bedeutung zu verlieren. Für Babys kann es kein Zuviel an Berührung geben, für dich irgendwann einmal vielleicht schon. Deshalb ist es wichtig, dass du deine veränderten Bedürfnisse auch deinen Eltern und vielleicht auch anderen Familienmitgliedern gegenüber klar kommunizierst.

Möglicherweise kommt es dir nicht so vor, aber auch Eltern können verunsichert sein und wissen daher manchmal nicht, was für dich okay ist und was nicht. Nur weil du nicht mehr im Beisein deiner Freunde geknuddelt werden willst, heißt das nicht, dass du auf Berührungen komplett verzichten möchtest. Berührungen sind für alle Altersgruppen wichtig. Daher sprich mit deinen Eltern darüber, was du magst und was dir mittlerweile eher unangenehm ist.

In der Pubertät kommt dann noch einmal ein ganz neues Repertoire an Möglichkeiten dazu, wie du andere berühren kannst und wie du selbst berührt werden

möchtest. Genau diese Möglichkeiten wollen wir uns im Folgenden genauer ansehen.

Hast du während deiner Kindheit zum Großteil bloß mit Mama und Papa gekuschelt und mit ihnen Küsschen ausgetauscht, so werden jetzt deine Altersgenossen zunehmend interessanter. Wenn du Gefühle für jemanden entwickelst und dich zum ersten Mal so richtig verliebst, kommt meist auch früher oder später das Bedürfnis nach Berührung hinzu. Möglicherweise genügt es dir, mit dieser Person erst einmal zu kuscheln. Später möchtest du diesen Menschen vielleicht auch küssen und irgendwann auch mit diesem Menschen Sex haben.

Innerhalb welches Zeitrahmens dies geschieht oder ob es überhaupt geschieht, entscheidest du und dein Partner oder deine Partnerin. Es kann sein, dass dir das Verliebtsein ohne Berührungen erst einmal genügt.

Wichtig ist, dass es für euch beide passt. Lass dich zu nichts drängen und lass dich keinem Druck aussetzen. Druck meint hier vor allem Druck mit Worten: ein schlechtes Gewissen einreden, dem anderen mangelnde Liebe vorwerfen, lachen.

Im Gegenzug bedeutet dies allerdings auch, dass auch du der anderen Person die Zeit geben musst, die sie braucht. Es kann durchaus sein, dass du schon zu etwas bereit bist und der andere oder die andere nicht. In partnerschaftlichen Beziehungen spielt, wie in anderen Beziehungen auch, Respekt eine entscheidende Rolle. In Sachen Berührungen und Sexualität bedeutet Respekt demnach auch, die Grenzen des anderen zu respektieren und auf die Bedürfnisse seines Partners oder seiner Partnerin zu achten. Nur wenn wir uns gegenseitig respektieren, wird die Beziehung beiden guttun.

Wichtig ist, auch zu wissen, dass Berührungen und Sexualität nicht gleichzusetzen sind. Berührungen sind zwar Teil der Sexualität, jedoch darf beispielsweise eine feste Umarmung nicht als Einladung zu MEHR verstanden werden. Hier gilt keinesfalls „Wer A sagt, muss auch B sagen." Nur weil du einer Umarmung oder einem Kuss zustimmst, musst du nicht auch Zungenküsse oder gar Sex wollen. Du bestimmst deine Grenze und zeigst deutlich, was du möchtest oder nicht. Du allein entscheidest über die Dosis.

Küssen

Jeder von uns wurde schon einmal geküsst. Von den Eltern, den Großeltern oder vielleicht auch von einem guten Freund oder einer guten Freundin. In der Pubertät verändert sich unsere Sichtweise auf viele Dinge, so auch aufs Küssen. Wir finden zum ersten Mal jemanden richtig gut und haben dann den Wunsch, ihn oder sie auch zu küssen.

Es ist völlig normal, wenn du beim Gedanken an deinen ersten Kuss möglicherweise ein mulmiges Gefühl im Bauch hast. Immerhin ist das hier alles neu für dich. Das kann durchaus verunsichern. Trotz aller Aufregung, denke immer daran, dass du nichts erzwingen solltest. Der richtige Zeitpunkt für den ersten Kuss ist dann gekommen, wenn du und dein Partner oder deine Partnerin dafür bereit seid. Niemand darf dich zu einem Kuss drängen. Ob du jemanden küssen möchtest, entscheidest allein du. Auch die Art des Kusses soll Spaß machen und nicht Unwohl oder Angst hervorrufen, etwas falsch zu machen.

Jetzt fragst du dich vielleicht: Aber wie funktioniert das mit dem Küssen überhaupt? Diese Frage ist gar nicht einfach zu beantworten. Keine Sorge – überlass es am besten deinem Gefühl, dann geht es fast wie von allein. Vielleicht küsst du nur die Wange, die Mundwinkel, erforschst das ganze Gesicht des Partners mitsamt den Augenlidern und Ohrläppchen mit kleinen Küssen. Vielleicht magst du anfangs nur einen kleinen Kuss auf den Mund geben. Wenn du magst, kannst du den Mund deines Partners oder deiner Partnerin auch mit der Zunge erforschen. Es gibt viele Arten, sich zu küssen und nicht jeder findet das Gleiche gut. Probiere es einfach aus – und das Wichtigste: Hab Spaß!

Selbstbefriedigung

Selbstbefriedigung, auch Masturbation oder Onanie genannt, ist ein wichtiger Teil, um unsere eigene Sexualität zu erforschen. So lernen wir unsere sexuellen Bedürfnisse kennen. Durch Selbstbefriedigung erfahren wir, welch wunderbare Empfindungen unser Körper für uns bereithält.

Selbstbefriedigung hilft uns herauszufinden, was uns Lust bereitet und was nicht. Wenn wir dann in einer Partnerschaft sind, wissen wir gleich viel besser, was uns guttut. Menschen, die Erfahrung in der Masturbation haben, können einfacher über die eigenen Bedürfnisse sprechen.

Selbstbefriedigung ist nichts, wofür wir uns schämen müssten. Sie ist auch nicht verboten oder schädlich. Vielmehr gibt uns Selbstbefriedigung die Möglichkeit, die Welt um uns herum für eine Weile zu vergessen und zu entspannen.

Vielleicht bist du noch unsicher, wo du dich selbst berühren sollst, um dieses Gefühl auch selbst zu erfahren. Wenn du in der richtigen Stimmung bist, kannst du beginnen, deinen Körper mit deinen Fingern zu erforschen. Mach dir keine Sorgen, falls es die ersten Male nicht so klappt, wie du es dir vorgestellt hast. Selbstbefriedigung ist etwas, das man lernen kann – wie Fahrrad fahren. Mit der Zeit wirst du herausfinden, was dir Lust bereitet und was nicht.

Du kannst damit beginnen, zuerst deinen Körper zu erforschen. Brust, Bauch, Po, Oberschenkel – finde heraus, wo dir Berührungen besonders gut gefallen. Danach kannst du dich deinem Intimbereich widmen – von der Klitoris über die Schamlippen bis zum Inneren deiner Scheide. Mal schneller, mal langsamer, mal mehr, mal weniger Druck – lass deiner Fantasie freien Lauf und höre auf dein Gefühl. Alles ist richtig, solange es dir gefällt. Nicht der Höhepunkt ist das Ziel, sondern der Weg dorthin. Wenn du am Ende einen Höhepunkt erlebst, ist das toll – wenn nicht, ist das auch okay. Selbstbefriedigung kann auch ohne Orgasmus Spaß machen.

SEX

Die Schmetterlinge im Bauch wollen gar nicht mehr aufhören zu flattern und deine Gedanken kreisen nur noch um die eine Person? Ihr kennt euch schon eine Weile, du vertraust ihm oder ihr und langsam keimt der Wunsch in dir auf, mit ihm oder ihr zu schlafen?

Doch wie funktioniert das mit dem Sex überhaupt? Keine Sorge, Unsicherheiten sind ganz normal. Wahrscheinlich geht es deinem Partner oder deiner Partnerin ähnlich wie dir. Sprecht am besten über eure Gefühle. Vielleicht könnt ihr euch so eure gegenseitige Unsicherheit etwas nehmen.

Bevor es tatsächlich losgeht, ist es wichtig, dass ihr euch über Verhütung und Safer Sex Gedanken macht. Weiter unten findest du wertvolle Infos zu diesen Themen. So könnt ihr eine informierte Entscheidung darüber treffen, welche Verhütungsmethode am besten zu euch passt.

Möglicherweise machst du dir auch darüber Sorgen, ob das erste Mal schmerzhaft sein wird und ob du bluten wirst. Das lässt sich leider nicht vorhersagen, da hier die Erfahrungen sehr unterschiedlich sind. Es kann sein, dass du beim Abreiben des Jungfernhäutchens einen leichten

Schmerz verspürst. Manche Mädchen bluten dabei auch, andere wieder nicht. Das ist völlig normal und ungefährlich. Übrigens kann es auch sein, dass das Jungfernhäutchen schon vorher leichte Risse aufwies, durch intensiven Sport beispielsweise. Wichtig ist, behutsam vorzugehen. Versuche, dich zu entspannen und auf deinen Körper zu hören.

Macht euch keinen Druck. Euer erstes Mal muss nicht perfekt sein – und kann trotzdem eine wunderschöne Erfahrung für euch beide werden. Vor allem zu Beginn einer Beziehung müssen sich die Partner erst einmal kennenlernen und herausfinden, was dem anderen gefällt. Habt keine Angst, etwas „falsch" zu machen. Probiert euch einfach aus und macht das, was euch beiden Spaß macht.

Und wenn ich dir hier meine allerwichtigste Regel mitgeben darf: Lass dir Zeit, Zeit, Zeit. So kann Vertrauen wachsen und das Erlebnis schön werden. Es gibt nur ein erstes Mal, und du wirst dich wahrscheinlich immer daran erinnern. Wie schade wäre es doch, wenn es ein unangenehmes oder gar schmerzhaftes Erlebnis wird! Leider passiert so etwas oft in einer „Jetzt will ich's aber wissen"-Situation oder auch, wenn der Geschlechtspartner keine vertraute oder geliebte Person ist. Auch Alkohol zum Mut-Antrinken lässt dich vielleicht Berührungen zustimmen, die du eigentlich gar nicht möchtest. Nimm dir meine Regel zu Herzen und du wirst ein schönes erstes Mal erleben.

Der richtige Zeitpunkt

Wenn wir erwachsen werden und uns zum ersten Mal so richtig verlieben, lernen wir langsam dieses Gefühl kennen, jemanden zu begehren und diesem Menschen ganz nah sein zu wollen. Wie deine ersten intimen Begegnungen ablaufen und wann, dafür gibt es keinen Fahrplan. Höre auf deine innere Stimme und mach nur das, wozu du auch wirklich bereit bist. Es ist in Ordnung, wenn du zunächst nur Händchenhalten möchtest. Nimm dir die Zeit, die du brauchst. Lerne deinen Partner oder deine Partnerin zuerst kennen. Erst wenn du ihm oder ihr völlig vertraust und dich mit ihm oder ihr wohlfühlst, ist der richtige Zeitpunkt für Sex gekommen.

Lass dich von niemandem unter Druck setzen. Auch wenn die Außenwelt dir womöglich das Gefühl gibt, dass du endlich Sex haben solltest, oder jeder in deinem Freundeskreis sein oder ihr erstes Mal schon hinter sich hat – du allein entscheidest, wann du bereit bist. Sex ist nicht etwas, das man „hinter sich bringen" muss. Du sollst dein erstes Mal genießen und mit einem Menschen teilen, der dir wichtig ist. Manchmal kann es eben auch etwas dauern, bis du diesen Menschen kennenlernst oder du selbst das Gefühl hast, dass es für dich jetzt passt.

Verhüten

Wenn du dich dazu entscheidest, mit jemandem Sex zu haben, darfst du die Verhütung nicht vergessen. Damit schützt du dich nicht nur vor einer ungewollten Schwangerschaft, sondern auch vor sexuell übertragbaren Krankheiten.

Es gibt eine Vielzahl an Verhütungsmethoden. Sich für die passende zu entscheiden, ist oft nicht ganz einfach. Deshalb solltest du bei deiner Überlegung auch dein Alter, deine aktuelle Lebenssituation und die Vor- und Nachteile der einzelnen Verhütungsmittel berücksichtigen.

Ein wichtiger Faktor, den du beachten solltest, ist der Pearl-Index. Der Pearl-Index gibt an, wie sicher eine Verhütungsmethode ist. Berechnungsgrundlage für den Pearl-Index sind wissenschaftliche Studien. In diesen wird untersucht, wie viele von 100 Frauen, die die gleiche Verhütungsmethode ein Jahr lang anwenden, trotzdem schwanger werden. Wenn also von 100 Frauen innerhalb eines Jahres 2 Frauen schwanger werden, liegt der Pearl-Index bei 2. Das bedeutet: Je niedriger der Pearl-Index, desto sicherer die jeweilige Verhütungsmethode.

Hormonelle Verhütungsmittel

Bei hormonellen Verhütungsmitteln werden dem Körper künstlich hergestellte Hormone zugeführt. Es handelt sich um eine Kombination aus Östrogenen und Gestagenen oder nur Gestagenen. Diese verhindern, je nach Methode, den Eisprung und die Befruchtung bzw. das Einnisten einer befruchteten Eizelle. Die Pille, Minipille, Verhütungsstäbchen, Verhütungsring, Dreimonatsspritze und die Hormonspirale (mehr zu dieser findest du unter dem Punkt „Die Spirale") zählen zu hormonellen Verhütungsmitteln.

Hormonelle Verhütungsmittel sind sehr weit verbreitet. Jedoch sollte man darüber nicht vergessen, dass es sich hierbei um Medikamente handelt, die, wie andere Medikamente auch, Nebenwirkungen haben können. Dazu gehören unter anderem ein erhöhtes Thromboserisiko, Haarausfall, Akne, Bauchschmerzen und Depressionen.

Solltest du daher Nebenwirkungen feststellen, sprich darüber am besten mit deinem Arzt oder deiner Ärztin. Diese können dir dabei helfen, die Vor- und Nachteile abzuwiegen - selbstverständlich auch schon vor dem Beginn der hormonellen Verhütung. Besonders bei depressiven Verstimmungen solltest du vorsichtig sein. Depressionen sind eine schlimme Krankheit und das plötzliche Auftreten von depressiven Verstimmungen kann durchaus mit deiner hormonellen Verhütung zusammenhängen. Nicht alle Frauen vertragen hormonelle Verhütungsmittel. Es ist ratsam, dich und deinen Körper genau zu beobachten, um zu entscheiden, ob dies die geeignete Verhütungsmethode für dich ist.

Die Pille ist zumeist ein Kombinationspräparat aus Östrogenen und Gestagenen. Heute ist sie das am häufigsten angewendete Verhütungsmittel und mit einem Pearl-Index von 0,1 bis 0,9 auch eines der sichersten. Wichtig ist, sie täglich und am besten zur selben Zeit einzunehmen, ansonsten kann sie ihre verhütende Wirkung verlieren (Ausnahme: die Zeit der Pillenpause). Solltest du die Einnahme einmal vergessen, kannst du dies innerhalb von 12 Stunden nachholen. Falls die Einnahme öfter vergessen wird, empfiehlt es sich, bis zur nächsten Pillenpause einen zusätzlichen Schutz wie beispielsweise ein Kondom zu verwenden.

In der Minipille ist, im Gegensatz zur Kombinationspille, nur Gestagen enthalten. Der Pearl-Index von Minipillen mit Desogestrel entspricht dem von Kombinationspillen. Der Verhütungsschutz von Minipillen Levonorgestrel ist mit einem Pearl-Index von 0,5 bis 3 jedoch geringer als bei der klassischen Pille. Beachte: Solltest du die Einnahme vergessen, kannst du diese bei der Minipille nur innerhalb von drei Stunden nachholen.

Beim Verhütungsstäbchen handelt es sich um ein Hormonimplantat, das kontinuierlich kleine Mengen Gestagen an den Körper abgibt. Es wird direkt unter die Haut an der Innenseite des Oberarms eingesetzt und schützt so drei Jahre vor einer ungewollten Schwangerschaft. Bei Bedarf kann es allerdings jederzeit entfernt werden. Auch diese Verhütungsmethode zählt mit einem Pearl-Index von 0,05 zu den sichersten.

Der Verhütungsring ist ein flexibler Kunststoffring, der über die Hormone Östrogen und Gestagen wirkt. Er wird, ähnlich wie ein Tampon, von der Frau selbst so weit wie möglich in die Scheide eingeführt. Hierbei ist weniger die genaue Position entscheidend, sondern vielmehr, dass er bequem und für dich nicht spürbar sitzt. Nach drei Wochen wird der Ring wieder entfernt und nach einer einwöchigen Pause erneut eingesetzt. Sein Pearl-Index liegt bei 0,65 bis 0,9.

Die Dreimonatsspritze muss, wie der Name schon verrät, alle drei Monate verabreicht werden. Ihr Wirkstoff ist ein hoch dosiertes, lang wirkendes Gestagen. Mit einem Pearl-Index von 0,3 gilt sie als sehr sichere Verhütungsmethode.

Mechanische Verhütungsmittel

Bei mechanischen Verhütungsmitteln wird durch das Schaffen einer Barriere verhindert, dass Spermien die Eizelle erreichen und diese somit befruchten können. Unter diese Methode fallen Kondome, Frauenkondome und Diaphragmen.

Der große Vorteil bei Kondomen liegt in ihrem Zweifachschutz – der Schutz vor ungewollten Schwangerschaften und sexuell übertragbaren Krankheiten. Vor dem Sex wird das Kondom auf das erigierte, also „steife" Glied aufgerollt; so wird verhindert, dass Spermien in die Scheide gelangen. Ihre Sicherheit hängt sehr stark von der korrekten Anwendung ab. Das spiegelt sich auch in einem Pearl-Index von 2 bis 12 wider. Aus diesem Grund empfiehlt es sich, die Anwendung vor der ersten Nutzung zu üben, um mehr Sicherheit

zu gewinnen. Außerdem ist es wichtig, auf die Qualität, die Haltbarkeit und die korrekte Aufbewahrung zu achten. Femidome bzw. Frauenkondome werden in die Scheide eingeführt. Dort bilden sie, wie die klassischen Kondome für den Mann, eine Barriere, die verhindert, dass Spermien zur Eizelle vordringen können. Besonders für Frauen ist die Verhütungsmethode von unschätzbarem Wert, da sie die einzige Methode ist, mithilfe derer Frauen sich selbst aktiv vor sexuell übertragbaren Krankheiten schützen können. Der Pearl-Index ist mit dem des klassischen Kondoms identisch.

WICHTIG: SOWOHL KONDOM ALS AUCH FRAUENKONDOM DÜRFEN JEWEILS NUR EINMAL VERWENDET WERDEN.

Diaphragmen sind elastische Kappen, die in die Scheide eingeführt werden. So versperren sie Spermien den Zugang zur Gebärmutter. Bei der Sicherheit ist eine korrekte Anwendung entscheidend. Das bedeutet, dass neben der Sicherstellung des exakten Sitzes eine spermizide Creme (siehe „Chemische Verhütungsmittel") verwendet werden muss. Nur dann liegt der Pearl-Index bei 1 bis 20.

Chemische Verhütungsmittel

Mit einem Pearl-Index zwischen 3 und 21 zählen chemische Verhütungsmittel zu den eher unsichereren Methoden. Es gibt sie in Form von Zäpfchen, Tabletten, Gels oder Cremes, die sich in der Scheide durch Körperwärme auflösen. Sie enthalten Spermizide, also Substanzen, die Spermien abtöten. Zusätzlich bilden sie eine Barriere, sodass Spermien nicht bis zur Eizelle vordringen können. Außerdem ist es wichtig, chemische Verhütungsmittel rechtzeitig vor dem Geschlechtsverkehr in die Scheide einzuführen, um ihre Wirksamkeit zu garantieren. Achte dazu unbedingt auf die Verpackungsbeilage. Aufgrund ihrer geringen Zuverlässigkeit empfiehlt es sich, nicht allein auf chemische Verhütungsmittel zu setzen, sondern zusätzlich auf mechanische Verhütungsmittel (wie beispielsweise ein Diaphragma) zurückzugreifen.

Natürliche Verhütungsmethoden

Bei natürlichen Verhütungsmethoden steht das Beobachten und Wahrnehmen des eigenen Körpers im Mittelpunkt. Die Frau muss lernen, die Signale des eigenen Körpers zu lesen. Das braucht seine Zeit und es kann einige Zyklen dauern, bis mit dieser Methode eine gewisse Sicherheit erreicht wird. Gerade bei Jugendlichen ist der Zyklus oft noch unregelmäßig. Ziel ist es, den Zeitpunkt des Eisprungs festzulegen, um so die fruchtbaren Tage zu ermitteln. Was hierbei unbedingt beachtet werden sollte: Die Stunden nach dem Eisprung sind die fruchtbarste Zeit. Spermien können aber schon vorher bis zu 5 Tage im Körper der Frau überleben. In diesem Fall warten sie im Eileiter auf die herannahende Eizelle und du wirst schwanger. Auch wenn der Eisprung genau festgelegt wird, muss eine Sicherheitszeit davor und danach einberechnet werden.

Um die fruchtbaren Tage zu ermitteln, werden zwei oder mehr Körperzeichen ausgewertet. Diese können das Messen der Aufwachtemperatur sein, das Beobachten des Zervixschleims sowie das Beobachten des Muttermunds.

Du solltest bedenken, dass es viel Geduld und auch Disziplin und Konsequenz braucht, um diese Methode korrekt durchzuführen. Stress, Schlafmangel, Erkrankungen, Alkoholkonsum, aber auch viele andere Faktoren können deinen Zyklus beeinflussen und somit die Sicherheit dieser Methode beeinträchtigen. Aus diesem Grund sind natürliche Verhütungsmethoden eher für jene Paare geeignet, für die eine ungeplante Schwangerschaft kein Unglück darstellt.

Die Spirale

Spiralen sind Medizinprodukte, die von deinem Frauenarzt oder deiner Frauenärztin in die Gebärmutter eingesetzt werden, um eine Schwangerschaft zu verhindern. Je nach Modell verbleiben sie dort drei bis zehn Jahre, was sie zu einer besonders geeigneten Verhütungsmethode für Frauen macht, die langfristig verhüten wollen.

Um ihre Zuverlässigkeit zu gewährleisten, sollte ihre korrekte Lage alle 12 Monate beim Frauenarzt oder bei der Frauenärztin kontrolliert werden. Zwischen den Kontrollterminen kannst du selbst den Kontrollfaden ertasten, um so das Vorhandensein der Spirale zu überprüfen. Bei Spiralen unterscheiden wir zwei Arten: die Hormonspirale und die Kupferspirale.

Die Hormonspirale wirkt durch eine kontinuierliche Abgabe geringer Mengen von Gestagen, einem Hormon. Das führt dazu, dass der Schleim im Gebärmutterhals verdickt, was das Aufsteigen von Spermien behindert. Außerdem wird die Einnistung eines befruchteten Eis zusätzlich verhindert, indem das Wachstum der Gebärmutterschleimhaut unterdrückt wird. Mit einem Pearl-Index von 0,2 bis 0,4 zählt die Hormonspirale zu den sichersten Verhütungsmitteln.

Die Kupferspirale sieht der Hormonspirale zwar optisch ähnlich, funktioniert aber durch einen anderen Wirkmechanismus. Durch die kontinuierliche Abgabe von Kupferionen werden die Spermien in ihrer Bewegung gehemmt und ihre Lebensdauer verkürzt. Darüber hinaus wird der Aufbau der Gebärmutterschleimhaut gestört, was die Einnistung eines befruchteten Eis verhindert.

Es gibt auch Kupferspiralen mit zusätzlichem Goldanteil. Das Gold soll hierbei die Anfälligkeit für Infektionen senken, was bis jetzt jedoch nicht eindeutig wissenschaftlich nachgewiesen werden konnte. Der Pearl-Index von Kupferspiralen liegt bei 0,6 bis 0,8, was sie, genau wie Hormonspiralen, zu einer sehr sicheren Verhütungsmethode macht.

Alternativen zur klassischen Kupferspirale sind die Kupferkette und der Kupferperlenball. Beide funktionieren nach dem gleichen Wirkprinzip.

Notfallverhütung

Bei einer Verhütungspanne oder im Falle eines sexuellen Übergriffs gibt es die sogenannte Notfallverhütung. Sie ist ein wichtiges Werkzeug, um eine ungewollte Schwangerschaft zu verhindern.

Du hast zwei Optionen: die Notfallpille, auch bekannt unter „Pille danach", und die Kupferspirale. Jetzt ist der wichtigste Faktor Zeit. Je früher du die Notfallverhütung anwendest, desto wirksamer ist sie.

Bei der „Pille danach" handelt es sich um eine hormonelle Notfallverhütung. Du bekommst sie rezeptfrei in der Apotheke. Sie sollte so bald wie möglich nach dem ungeschützten Sex eingenommen werden, jedoch nicht später als 72 Stunden bzw. 120 Stunden. Die Zeit ist abhängig vom jeweiligen Wirkstoff.

Rechtzeitig eingenommen, verschiebt die Notfallpille den Eisprung nach hinten. Somit gewinnst du Zeit, während derer die Spermien absterben und somit die Eizelle auch nicht mehr befruchten können. Hat der Eisprung oder eine Befruchtung bereits stattgefunden, ist die Notfallpille wirkungslos. Die Einnistung einer befruchteten Eizelle wird nicht verhindert.

Die „Pille danach" ist kein Ersatz für regelmäßige Verhütung und daher auch keine Verhütungsmethode. Wenn du Sex hast, solltest du dich immer im Vorhinein um eine geeignete Verhütung kümmern.

Wichtig zu wissen: Entgegen manchem Irrglauben ist die „Pille danach" keine Abtreibungspille. Eine bereits bestehende Schwangerschaft wird von ihr nicht beeinträchtigt. Die Einnahme der Notfallpille führt zu keinem Schwangerschaftsabbruch.

Im Notfall kann dein Frauenarzt oder deine Frauenärztin dir nach ungeschütztem Sex auch eine Kupferspirale einsetzen (mehr dazu findest du unter „Die Spirale"). Sie verhindert, dass sich eine befruchtete Eizelle einnisten kann. Diese Form der Notfallverhütung ist vor allem dann zu empfehlen, wenn du dir eine Langzeitverhütung wünschst.

Welche Notfallverhütung sinnvoll und für dich passend ist, ist immer situationsabhängig. Bei Fragen kannst du dich immer an deinen Frauenarzt oder deine Frauenärztin bzw. außerhalb der Sprechzeiten auch an Notfalldienste wenden. Dort wird man dich am besten beraten können.

Egal, wieso du eine Notfallverhütung brauchst, schäme dich nicht dafür. Kondome können reißen oder verrutschen, die Pille durch plötzlich auftretendes Erbrechen oder Durchfall nicht wirken. Diese Notsituationen passieren. Auch Vergewaltigungen können zu Schwangerschaften führen. Bei sexuellen Übergriffen solltest du außerdem unbedingt mit deinen Eltern sprechen. Gemeinsam könnt ihr euch die nächsten Schritte überlegen – wie eine Anzeige bei der Polizei, der Besuch eines Arztes oder einer Ärztin, um dich medizinisch zu versorgen, und/oder ein Gespräch bei einem Therapeuten oder einer Therapeutin, der oder die dich dabei unterstützt, das Erlebte zu verarbeiten.

Langzeitverhütung
Bei Menschen, deren Familienplanung abgeschlossen ist bzw. die sich generell keine Kinder wünschen, ist auch eine Sterilisation eine Option. Dabei handelt es sich um ein operatives Verfahren, das ungewollte Schwangerschaften verhindern soll.

Bei Frauen werden dabei die Eileiter verschlossen oder komplett entfernt. Bei Männern werden die Samenleiter durchtrennt und anschließend verschlossen. Dies will vorher gut überlegt sein, denn anders als zeitlich beschränkte Methoden wie Pille, Spirale oder Kondom wird mit einer Sterilisation eine dauerhafte Unfruchtbarkeit herbeigeführt, die nicht immer rückgängig gemacht werden kann.

EINE ÜBERSICHT ZU DEN VERHÜTUNGSMITTELN UND IHREM JEWEILIGEN PEARL INDEX FINDEST DU AUF DER MICROSITE. BITTE BEACHTE, DASS DER PEARL INDEX PRO VERHÜTUNGSMITTEL LEICHT VARIIEREN KANN, JE NACH QUELLE.

Deine Gesundheit schützen

Sexuell übertragbare Krankheiten sind, wie der Name bereits sagt, Infektionen, die bei sexuellen Kontakten übertragen werden. Dabei spielt es keine Rolle, ob du Vaginal-, Analverkehr oder Oralverkehr hast – bei jeder Sexpraktik besteht das Risiko, sich mit einer Geschlechtskrankheit anzustecken.

Wenn sexuell übertragbare Krankheiten frühzeitig erkannt und behandelt werden, bestehen meist gute Heilungsaussichten. Daher achte auf mögliche Symptome und schäme dich nicht, zum Arzt oder zur Ärztin zu gehen. Denn nur wenn du früh genug reagierst, kannst du deine Krankheit bestmöglich bekämpfen.

Safer Sex

Den besten Schutz gegen sexuell übertragbare Krankheiten bietet Safer Sex. Darunter fallen alle Maßnahmen, die dazu beitragen, das Risiko einer Ansteckung und Verbreitung von Geschlechtskrankheiten zu verringern.

Kondome bzw. Femidome (das sind Frauenkondome) bieten einen hohen Schutz gegen Infektionen. Diese schützen darüber hinaus zusätzlich vor einer ungewollten Schwangerschaft.

Latextücher, Intimtücher oder Lecktücher können beim Oralverkehr das Infektionsrisiko senken. Auch Impfungen gehören zu den Präventionsmaßnahmen – konkret die Impfung gegen HPV und Hepatitis.

Nachfolgend findest du eine Liste, der am häufigsten auftretenden sexuell übertragbaren Krankheiten. Sie soll dir dabei helfen, im Fall des Falles deine Symptome richtig einzuordnen. Solltest du Veränderungen an dir bemerken, sprich am besten mit deinem Arzt oder deiner Ärztin.

Chlamydien

Chlamydien-Infektionen gehören zu den am häufigsten auftretenden sexuell übertragbaren Krankheiten. Sie werden durch Bakterien verursacht, die beim Vaginal-, Analverkehr oder Oralverkehr übertragen werden. Mögliche Symptome können sein: Ausfluss aus der Scheide, am Penis und/oder am Anus, Juckreiz, Brennen beim Wasserlassen, Schmerzen im Unterleib und Blutungen. Unbehandelt können Chlamydien zu Unfruchtbarkeit führen. Eine Infektion wird durch die Einnahme von Antibiotika behandelt.

Gonorrhoe

Gonorrhoe bzw. Tripper tritt oft gemeinsam mit Chlamydien auf und wird, genau wie Chlamydien, durch Bakterien verursacht. Bei Männern zeigen sich meist zehn Tage nach der Ansteckung erste Symptome: eitriger Ausfluss aus der Harnröhre, Brennen beim Wasserlassen, Schmerzen im Unterleib, Anschwellung des Hodens und Fieber. Bei Frauen ist es etwas schwieriger, da bei ihnen eine Erkrankung oft zunächst symptomlos verläuft. Später äußert sich Gonorrhoe durch: grün-gelblicher Ausfluss, Brennen beim Wasserlassen, starke Unterleibsschmerzen und hohes Fieber. Eine Behandlung erfolgt mit Antibiotika.

Genitalherpes

Genitalherpes bzw. genitale Herpesinfektionen werden durch Viren verursacht. Typische Symptome können sein: Kribbeln oder Jucken der Haut, mit gelblicher Flüssigkeit gefüllte Bläschen, geschwollene Lymphknoten, Fieber und ein allgemeines Krankheitsgefühl. Genitalherpes ist nicht heilbar. Einmal infiziert, trägt man das Virus ein Leben lang in sich. Symptome können aber mit antiviralen Medikamenten gelindert werden.

Hepatitis B

Hepatitis-B-Viren lösen eine infektiöse Entzündung der Leber aus. Die Übertragung erfolgt durch Kontakt mit Körperflüssigkeiten von infizierten Personen wie Genitalsekrete oder Blut. Bei einem Drittel der Infizierten treten unspezifische Allgemeinsymptome wie Übelkeit, Erbrechen, Appetitlosigkeit, Bauchschmerzen, Fieber, Gelenkschmerzen und Hautausschlag auf; ein Drittel entwickelt eine Gelbsucht; beim letzten Drittel zeigen sich gar keine Symptome. Bei 90 bis 95 % der Betroffenen heilt eine akute Hepatitis B vollständig aus. Dies führt zu einer lebenslangen Immunität.

Bei den restlichen 5 bis 10 % entwickelt sich allerdings eine chronische Hepatitis B, die zu Leberkrebs oder einer Leberzirrhose führen kann. Mit einer Impfung kann man sich jedoch vor einer Hepatitis-B-Infektion schützen.

HIV

Das erworbene Immunschwächesyndrom, besser bekannt unter AIDS (Acquired Immune Deficiency Syndrome), wird von den sogenannten HI-Viren ausgelöst. Dies hat zur Folge, dass das Immunsystem der Betroffenen zerstört wird. Der Körper kann eindringende Krankheitserreger nicht mehr abwehren.

Es kommt zu verschiedenen, schweren Erkrankungen und schließlich zum Tod. Heute kann eine HIV-Infektion mit antiretroviralen Medikamenten gut behandelt werden. So wird der Ausbruch von AIDS verhindert und die Betroffenen können ein relativ normales Leben führen. Heilbar ist eine HIV-Infektion jedoch nicht. Deshalb ist es besonders wichtig, sich durch das Verwenden von Kondomen bzw. Femidomen vor einer Ansteckung zu schützen. Übertragen wird das HI-Virus durch den Kontakt mit infektiösen Körperflüssigkeiten wie Blut, Sperma, Vaginalsekret und dem Flüssigkeitsfilm auf der Darmschleimhaut. Auch beim Küssen könnten Viren übertragen werden, sofern du und dein Partner oder deine Partnerin eine offene, blutende Wunde im Mund habt. Der Speichel allein überträgt das Virus aber nicht. Beim Anhusten oder Benutzen derselben Toilette besteht hingegen keine Gefahr.

HPV

Humane Papillomaviren, kurz HPV, können verschiedene Krankheiten verursachen. Diese reichen von Genitalwarzen über Krebserkrankungen, wie beispielsweise Gebärmutterhalskrebs. Aus diesem Grund wird Frauen im Rahmen der gynäkologischen Vorsorgeuntersuchung die Durchführung eines Pap-Tests empfohlen. Dabei handelt es sich um einen Test, der der Früherkennung von Gebärmutterhalskrebs dient.

Eine Präventionsmaßnahme ist die HPV-Impfung. Diese schützt vor den Virentypen HPV 6 und 11, welche am häufigsten Genitalwarzen hervorbringen, und jenen Virentypen, die am häufigsten Krebs auslösen. Das Robert Koch Institut (RKI) empfiehlt deswegen eine Impfung ab dem neunten Lebensjahr.

Syphilis

Syphilis ist eine durch Bakterien verursachte Infektionskrankheit, die unbehandelt in vier Stadien verläuft. Mit fortschreitender Erkrankung verschlimmern sich zunehmend die Symptome und enden, wenn eine Syphilis-Infektion unbehandelt bleibt, schließlich im Tod. Heute kann Syphilis effektiv mit Penicillin behandelt werden. Da bereits eingetretene Organschäden nicht mehr rückgängig gemacht werden können, ist es entscheidend, rechtzeitig mit einer Therapie zu beginnen.

DEIN SELBSTBEWUSSTSEIN
EIN FELS IN DER BRANDUNG

Vielleicht glaubst du es heute noch nicht, doch wichtiger als Aussehen, Beliebtheit oder Leistung ist ein gesundes Selbstbewusstsein. Es verleiht uns Ausstrahlung und macht uns zu dem besonderen Menschen, der wir sind. Menschen mit Selbstbewusstsein trauen sich auch mal nicht zurechtgemacht und im „Schlabberlook" auf die Straße. Versagen in der Schule oder im Job ist für sie kein Weltuntergang. Etwas nicht so gut zu können wie andere, macht aus ihnen keine Loser. Menschen mit Selbstbewusstsein kennen sich selbst sehr gut und wissen um ihre Stärken und Schwächen.

Der Grundstein dafür wird in der Kindheit gelegt, doch ist es mit dem Selbstbewusstsein wie mit anderen Talenten, die du erst spät entdeckst. Du kannst es jederzeit stärken oder schwächen, du kannst es pflegen oder vernachlässigen, je nachdem, wie du mit dir selbst umgehst.

Sei liebevoll mit dir und deinem Körper. Du kannst dich in deine Schwächen hineinsteigern oder du kannst nachsichtig mit ihnen sein. Du kannst verständnisvoll damit umgehen oder dich selbst hassen. Die Entscheidung, wie du dich betrachten willst, entscheidest du. Sei deine eigene beste Freundin. Argumentiere wie sie und nicht wie dein Feind! Du wirst merken, dass dein Selbstbewusstsein trotz einiger normaler Tiefs wächst.

Selbstbewusstsein drückt aus, dass ein Mensch sich seiner selbst BEWUSST ist. Das heißt, er kennt seine eigenen Stärken und Schwächen, seine schönen und weniger schönen Charakterzüge und seine Persönlichkeit. Er weiß, wie er in bestimmten Situationen reagiert. Er kann einschätzen, wann und wo er allein zurechtkommt und wann und wo er Hilfe braucht. Und schließlich weiß ein solcher Mensch auch, wann er Dinge beeinflussen kann und wann nicht, wo er Verantwortung trägt und wo ihn niemals Schuld trifft. Kurz: Der selbstbewusste Mensch akzeptiert und mag sich, wie er ist.

WARUM REDEN SO WICHTIG IST

Die Pubertät ist eine Zeit der persönlichen Reife. Das eigene Selbstbewusstsein entsteht. Erwachsen werden mit allen Vor- und Nachteilen gelingt nur, wenn die enge

Eltern-Kind-Bindung langsam aufgeweicht und durch eine andere Bindung ersetzt wird. Du wirst bald merken, dass du einen immer stärkeren Drang zu Distanz verspürst. Und du DARFST für diese Aufweichung kämpfen, ohne ein schlechtes Gewissen zu haben! Du hast das Recht auf deine Freiräume, Zeit mit Freunden, deinen Spaß am Wochenende, Tage ohne Familie, im Rahmen der Gesetze zum Kinderschutz. Lass dir keine Undankbarkeit vorwerfen, lass dir kein schlechtes Gewissen einreden. Was du fühlst, ist normal. Deine Eltern und deine Familie brauchen nur etwas länger als du, um sich daran zu gewöhnen und damit zurechtzukommen. Damit alle Beteiligten möglichst ohne Tränen und Herzschmerz an diesen Punkt gelangen, hilft am besten das klärende Gespräch.

Reden über Sex

Es gibt kaum ein interessanteres Thema, das sich quer durch alle Gesellschaftsschichten zieht, als Sex. Dennoch gehört es immer noch zu den am meisten tabuisierten Themen im Alltag. Manche Eltern werden rot, wenn das Kind nach der Entstehung eines Babys fragt. Sogar unter Freundinnen und Freunden ist das Reden über Sex nicht immer einfach. Dabei zählt Sex doch zu den normalsten und alltäglichen Dingen der Welt.

Gerade weil so viele Hemmungen das Thema beherrschen, hat sich eine eigenartige Gesprächskultur gebildet. Entweder wird medizinisch-sachlich mit lateinischen

Ausdrücken für die Geschlechtsteile (Vagina, Klitoris, Penis) und den Akt (Koitus, Penetration) um sich geworfen. Oder die schönste Nebensache der Welt wird pornografisch-abwertend (Fotze oder Möse, Schwanz und ficken) zu etwas Schmutzigem gemacht.

Gewöhne dir an, Sex als etwas ganz Normales zu betrachten und auch so darüber zu sprechen. Nenne die Geschlechtsteile ohne peinliches Grinsen oder Kichern beim Namen. Sprich über Ängste und Unsicherheiten. Vermeide abwertende Ausdrücke. Sprich liebevoll über deinen weiblichen Körper, aber auch über den deines Partners.

Wenn in deinem Freundeskreis ein abwertendes Vokabular für sexuelle Begriffe verwendet wird, heißt das nicht, dass du mitmachen musst. Du kannst, wenn du möchtest, den Unterschied machen! Oft kennen junge Leute gar keinen neutralen, also wertfreien Ausdruck für gewisse Körperteile oder Sexpraktiken. Aus Unwissenheit und Scham wird gespottet, gelacht und in den Dreck gezogen. Meist steckt nur Unsicherheit hinter diesen Verhaltensweisen. Indem du selbst mit gutem Beispiel vorangehst, kannst du auch die Gesprächskultur verändern.

In vielen Cliquen werden pornografische Videos herumgezeigt oder kommentiert. Wenn du dich dabei nicht wohlfühlst, sprich es aus. Sag, dass dich etwas ekelt oder peinlich berührt und sag auch warum. Sehr viele, vor allem männliche Jugendliche, wissen nicht, dass Pornografie reine Schauspielerei ist. Weder der Frau noch dem Mann macht der Akt, also der Sex, Spaß. Sie spielen etwas nach genauen Vorgaben eines Regisseurs oder Drehbuchs. Das kann man auch daran erkennen, dass beinahe jedes Video gleich abläuft. Auch die Dauer ist größtenteils an die Masturbationsdauer eines durchschnittlichen Orgasmus angepasst. Und – die meisten Pornos sind für Männer gemacht. Leider denken viele männliche Jugendliche, dass Frauen oder Mädchen auf genau diese Weise zu befriedigen sind, die sie sich aus Pornos abschauen. Hier benötigen Jugendliche viel Aufklärungsbedarf. Weil die Verfügbarkeit dieser Videos durch das Internet immens zugenommen hat, sind ihnen oft schon Kinder ausgesetzt. Dadurch entsteht ein immer größeres Problem, weil ein ganz falsches Bild von Sexualität gezeigt wird.

Was du aus medizinischen Fachzeitschriften weißt, ist zwar richtig, und doch nicht das wahre Leben. Niemand spricht in der Realität vom Uterus, den Ovarien oder der Menses. Mädchen von heute sprechen offen aus, was sie denken. Sie haben ihre Tage, berühren sich am Kitzler, führen Tampons in ihre Scheide ein und geben ihrer Vulva einen Namen. Genau so sollte es sein. Wer lernt, die Dinge beim Namen zu nennen, kann auch seinen Wünschen und Bedürfnissen Ausdruck verleihen.

Reden über Probleme

Ich rate dir hier oft, dich an Vertrauenspersonen zu wenden, wenn dich der Schuh drückt. Ein gutes Gespräch benötigt

Gesprächspartner und -partnerinnen, die einander vertrauen, eine bereitwillige Offenheit und die Fähigkeit, eigene Gedanken und Gefühle in Worte zu fassen. Wenn du nicht als Kind schon gelernt hast, offen mit anderen zu reden, wirst du dich vermutlich anfangs schwertun. Doch arbeite an dieser Fähigkeit. Die eigene Meinung, die eigenen Gefühle auszudrücken, ist eine unschätzbar wertvolle Gabe.

Wenn du mit deinen Eltern oder Vertrauenslehrern und -lehrerinnen nicht offen reden kannst, wendest du dich am besten an Jugendberater und -beraterinnen. Sie sind Profis und mit diesen Schwierigkeiten vertraut. Deshalb bist du mit einem gewichtigen Problem bei ihnen am besten aufgehoben. Sie helfen dir mit Zwischenfragen weiter, bestätigen dich oder sagen dir, wenn du dich irrst.

Doch auch das Gespräch mit Gleichaltrigen, Bekannten, Freunden und Freundinnen ist wertvoll. Sie sind vielleicht nicht so professionell, doch können sie dir mit ihren Erfahrungen vielleicht besser helfen als so mancher Erwachsene. Oft macht es einen großen Unterschied, wenn der Gesprächspartner nur ein oder zwei Jahre älter ist.

Viele Jugendliche haben nach wie vor einen guten Draht zu ihren Eltern, sodass diese ihre ersten Ansprechpersonen bei Problemen sind. Wenn du zu dieser Gruppe Jugendlicher gehörst, kannst du dich glücklich schätzen. Wenn du nicht weißt, wie du ein Thema im Gespräch angehen sollst, hilft dir vielleicht folgender Tipp:

Erstelle vor dem Gespräch ein Mindmap. Schreibe auf ein Notizblatt das zentrale Thema in die Mitte und rundherum alle Begriffe, die dir dazu einfallen. Bilde nun in Gedanken mit diesen Begriffen Sätze. Kleide sie in sinnvolle Argumente oder kommentiere mit Gegenargumenten. So kannst du dich auf ein Gespräch mit deinen Eltern vorbereiten und hast währenddessen alles, was dir wichtig ist, im Blick. Wenn das Gespräch nicht wie geplant läuft, ist es nicht hilfreich, aus dem Raum zu stürmen, Türen zu knallen, zu schreien oder gar Vorwürfe zu machen. Solches Verhalten führt zu nichts und frustriert nur. Du machst sehr viel mehr Eindruck, wenn du durchdachte Argumente zu einem Thema bringst. Deine Eltern merken dann, dass du dir durchaus eigene vernünftige Gedanken machst und ihren Argumenten zugänglich bist.

Versuche, Botschaften mit dem Wort ICH rüberzubringen, und niemals mit IHR. Sag zum Beispiel „Ich fühle mich schlecht, weil...", anstatt „Ihr seid immer gemein …". Denn auch wenn du deine Eltern noch so gut kennst, du kannst nicht wissen, was sie fühlen und denken. Das weißt du nur über dich selbst.

SIEH DIR GERNE DEN LINK AUF DER MICROSITE AN, ÜBER DEN DU EIN MINDMAP ONLINE ERSTELLEN KANNST.

Reden über Traumata

Ein Trauma entsteht, wenn wir eine psychische oder körperliche Ausnahmesituation erleben müssen. Durch einen schweren Unfall kann ein körperliches Trauma, aber auch ein seelisches Trauma hervorgerufen werden. Auch durch Extremsituationen wie eine Vergewaltigung, ein Überfall, Misshandlungen, oder den Verlust eines geliebten Menschen entstehen Traumata.

Meist werden Traumata erkannt und die betroffene Person erhält Hilfe durch medizinisches und psychologisches Fachpersonal. Manchmal werden sie jedoch nicht oder zu spät erkannt, und die Person kann sie nicht aufarbeiten. In diesem Fall kommt es zu Folgekrankheiten oder Belastungsstörungen (Schlafstörungen, Burn-out, Panikattacken, Angststörungen etc.).

Zu Beginn fühlt sich ein Trauma manchmal nicht als ein solches an. Die betroffene Person ist noch zu geschockt, zu benommen. Sie denkt gar nicht daran, dass das Erlebnis ihr in Zukunft mehr schaden kann als in der Gegenwart. Sie weiß nicht, dass die Folgekrankheiten ihr Leben mehr zum Negativen beeinflussen können als das Trauma selbst. Deshalb ist es so wichtig für dich, zu wissen, dass du über schlimme Erfahrungen sprechen sollst.

Auch wenn du denkst, dass du sie irgendwann vergessen wirst, lass dir hier raten: Dem ist nicht so. Tief im Unbewussten vergraben heißt nicht unschädlich gemacht. Traumata wollen an die Oberfläche gebracht werden. Es hat sich in vielen Fällen gezeigt, dass erst ein neues Leben möglich war, nachdem das Trauma ausgesprochen wurde. Viele Missbrauchsfälle, die sich in der Kindheit ereigneten, zählen ebenso dazu wie unausgesprochene Vergewaltigungen durch Bekannte oder sexuelle Übergriffe. Oft kommt es zu keiner Anzeige, weil man die Täter schützen will oder weil man sich für die eigene Naivität schämt. Wende dich unbedingt an deine wichtigste Vertrauensperson, wenn du eine traumatische Situation erlebt hast. Nur so kannst du dich vor schwerwiegenden Folgen schützen. Solltest du niemanden zum Reden in deiner Nähe haben, findest du auf der Microsite hilfreiche Anlaufstellen.

SEX - EINVERSTANDEN?

Worum geht es?

Hier geht es um Konsens. Das Wort Konsens kann zweierlei Bedeutungen annehmen. Laut Duden handelt es sich dabei um eine „Übereinstimmung der Meinungen", oder - ein wenig veraltet - um die persönliche Einwilligung oder Zustimmung zu einer Sachlage. Wichtig für dich ist vor allem die erste Bedeutung. Nur wenn ALLE Beteiligten einverstanden sind mit dem, was geschieht oder gesagt wird, handelt es sich um einen Konsens. Wenn einer DAFÜR ist, der andere jedoch DAGEGEN, kann von Konsens nicht gesprochen werden. Konsens ist

Grundvoraussetzung für alles, was mit dem Körper und der Persönlichkeit eines Menschen passieren darf. So auch in Sachen Sex. Wenn es um Sex geht, bedeutet Konsens „einvernehmlicher Sex", also dass wir den sexuellen Handlungen ZUSTIMMEN, dass wir uns diese wünschen und diese mögen.

Möglicherweise kennst du folgende oder eine ähnliche Situation: Bei Familienfeiern besteht eine Oma, eine Tante darauf, dass du ihr ein Küsschen gibst. Du siehst diese Frau vielleicht dreimal im Jahr, du magst sie nicht sonderlich und außerdem hat sie die sprichwörtlichen Haare auf den Zähnen. Deshalb graut es dich jedes Mal davor, dieser Frau zu begegnen, denn du willst ihr schlicht und ergreifend kein Küsschen geben, selbst wenn es nur eins auf die Wange ist.

Dieses Beispiel soll dir zeigen, worum es bei Konsens geht. Wenn andere Menschen uns körperlich berühren wollen, ist immer unsere Zustimmung notwendig. Wenn du also nicht willst, dass deine Tante oder Oma dir ein Küsschen gibt oder du ihr keines geben willst, so brauchst du das auch nicht zu tun. Kein Mensch – nicht deine Tante, deine Eltern, deine Geschwister oder deine Freunde – hat das Recht, dich zu Berührungen zu zwingen, die du nicht willst.

Das ist besonders wichtig, wenn es um Sex geht. Beim Sex müssen alle Beteiligten zu jeder Zeit damit einverstanden sein, was gerade passiert. Klingt einfach? Jein. Denn was in der Theorie so einfach klingt, ist in der Praxis oft gar nicht so leicht umzusetzen. Das liegt daran, dass nicht jeder Mensch alles gleich gut findet. Deshalb erinnern wir uns an das Beispiel mit der Tante und dem Küsschen: Dir ist das Küsschen unangenehm, deinem Cousin aber nicht. Das bedeutet: Etwas kann für jemanden unangenehm sein, jemand anderer findet es aber gut. Darum ist es wichtig, dass wir uns versichern, dass die andere Person der körperlichen Berührung zustimmt bzw. müssen wir dieser auch selbst zustimmen. Beim Sex kann es zum Beispiel sein, dass dein Partner oder deine Partnerin auf Oralsex steht, du es aber eklig findest. Das ist vollkommen in Ordnung. Wenn dir etwas nicht gefällt, musst du nicht mitmachen, nur weil das jemand anderer von dir erwartet. Konsens bedeutet demnach auch, NEIN sagen zu dürfen und NEIN sagen zu müssen. Manchmal ist es unangenehm, jemanden zurückzuweisen. Sag trotzdem deutlich NEIN, wenn du NEIN meinst.

Es kann auch folgende Situation passieren: Du wolltest gerade noch etwas machen, im nächsten Moment aber nicht mehr. Sehen wir uns wieder das Beispiel mit der Tante an: Normalerweise gibst du deiner Tante gerne ein Küsschen; sie ist nämlich deine Lieblingstante und du freust dich jedes Mal, wenn du sie siehst. Beim Weihnachtsessen geht die Tür auf, sie kommt herein und du möchtest schon auf sie zulaufen, um sie zu umarmen und ihr zur Begrüßung ein Küsschen zu geben, doch da merkst du, wie dir Zigarettengestank entgegenkommt. Du weißt, deine Tante hat eben noch geraucht und weil du den Geruch nicht magst, willst du ihr gerade nicht näherkommen. Du hast deine Meinung geändert. Das ist in Ordnung. Du darfst zu deiner Tante Abstand halten, so lange, wie du möchtest.
Beim Sex kann dir das Gleiche passieren: Eben hat dich dein Partner oder deine Partnerin noch gestreichelt und du

hast seine oder ihre Berührungen glücklich erwidert. Doch plötzlich wird dir alles zu viel. Du magst nicht mehr und willst aufhören. Das ist dein gutes Recht – du darfst deine Meinung jederzeit ändern, auch wenn dein Partner oder deine Partnerin im ersten Moment vielleicht enttäuscht ist. Umgekehrt kann dies natürlich auch der Fall sein – du hast Lust, aber dein Partner oder deine Partnerin nicht mehr. In jedem Fall gilt: Berührungen dürfen nur stattfinden, wenn beide zustimmen. Ein Nein muss immer und jederzeit akzeptiert und respektiert werden. Es geht beim Sex nämlich nicht darum, die andere Person zu befriedigen, sondern das zu tun, was beiden Spaß macht. Jeder hat das Recht, seine Sexualität und Lust auszuleben – aber nicht auf Kosten eines anderen. Erst wenn beide zustimmen, darf etwas passieren. Genau darum geht es bei Konsens.

Konsens sollte auch keinesfalls mit Kompromiss verwechselt werden. In manchen Situationen kann ein Kompromiss, also einen Mittelweg zu finden, durchaus eine gute Sache sein. Hast du beispielsweise Lust auf italienisches Essen, dein Partner oder deine Partnerin aber mehr auf Thai, so könntet ihr euch darauf einigen, dass heute das eine und morgen das andere gegessen wird. Ihr habt eine Lösung gefunden, mit der ihr beide gut leben könnt. In Sachen Sex ist ein Kompromiss jedoch manchmal ein fauler Deal: Du tust etwas, obwohl du es nicht magst, dafür tut dein Partner etwas, was er oder sie nicht mag. Sex ist vielmehr eine kompromissfreie Zone. Lasse dich nie auf solche faulen Deals ein.

Stattdessen solltet ihr das tun, worauf ihr beide Lust habt. Das Stichwort lautet stets: Konsens.

So sollte es ablaufen

Wie bereits im vorherigen Punkt angesprochen, ist es oft gar nicht so einfach, Konsens umzusetzen. Auch wenn man theoretisch weiß, wie es funktioniert: Was es zusätzlich schwierig macht, ist die Tatsache, dass jeder Mensch unter gutem Sex etwas anderes versteht. Schauen wir uns deshalb einmal an, was Sex alles sein kann (natürlich gibt es noch mehr; das hier ist nur eine kleine Auswahl): Penetrationssex, das Miteinbeziehen von Sexspielzeug, Küssen, Selbstbefriedigung – allein oder gemeinsam, Oralsex, Analsex, Dirty Talk, Genitalien mit der Hand berühren, streicheln, massieren, Sexting.

Als Nächstes gilt es herauszufinden, was du magst und was nicht. Wenn du das weißt, fällt es dir beim Sex mit deinem Partner oder deiner Partnerin gleich viel leichter, deine Wünsche zu äußern und herauszufinden, was euch beiden gefällt. Das ist nicht immer leicht. Selbstbefriedigung kann dir beispielsweise helfen, dich und deinen Körper besser kennenzulernen und herauszufinden, was dir guttut.

Um gemeinsam Spaß zu haben und Konsens zu erreichen, müsst ihr miteinander reden. Nur so lässt sich herausfinden, ob Einvernehmlichkeit besteht oder nicht. Das ist vor allem dann wichtig, wenn ihr euch noch nicht so gut kennt.

Aber auch in längeren Beziehungen ist es wichtig, dass ihr über eure Wünsche sprecht. Du musst dabei nicht bei jeder Berührung erneut nachfragen. Bleibe aber trotzdem aufmerksam und achte auf nonverbale Zeichen, also die Körpersprache deines Partners oder deiner Partnerin: Er oder sie bewegt sich zum Beispiel plötzlich nicht mehr oder wird ganz still. Bei Zweifeln solltest du lieber nachhaken und dich versichern, dass alles okay ist. Mit Achtsamkeit und Rücksichtnahme steht einer tollen Zeit zu zweit nichts mehr im Wege.

SICHERHEIT IM ALLTAG

Sich sicher zu fühlen, ist ein menschliches Grundbedürfnis. Natürlich kommen wir im Laufe unseres Lebens immer wieder in Situationen, die uns Angst machen. Eine schwierige Prüfung, der erste Arbeitstag oder der Sprung vom 10-Meter-Turm: in solchen Situationen Angst zu haben, ist völlig normal. Angst gehört zum Menschsein genauso wie Freude oder Wut. Sie hilft uns dabei, Gefahren zu erkennen und richtig zu reagieren. Steht uns beispielsweise ein Bär im Wald gegenüber, sagt uns die Angst, dass wir vor einem wilden Tier besser weglaufen sollten.

Leider gibt es, wie du bestimmt weißt, auch Menschen, die es alles andere als gut mit uns meinen. Vor solchen Menschen musst du dich schützen. Deshalb wollen wir uns im Folgenden ansehen, wie problematische Situationen aussehen können und wie du dich vor ihnen schützen kannst.

Doch zuerst wollen wir besprechen, wie Gewalt aussehen kann. Gewalt besitzt nämlich viele Facetten, daher ist es oft nicht einfach, Gewalt auch als solche zu erkennen. Wenn du jedoch weißt, was alles unter Gewalt fällt, fällt es dir automatisch leichter, Gewalt als solche zu identifizieren und auf sie zu reagieren.

Wenn du das Wort Gewalt hörst, denkst du vielleicht zuerst an körperliche Gewalt. Das können Schläge, Tritte oder Ohrfeigen sein. Aber – und das ist besonders wichtig: Gewalt beschränkt sich nicht nur auf körperliche Gewalt. Auch ohne körperliche Angriffe kann jemand gewalttätig sein. Jemanden zu beleidigen, demütigen, beschimpfen, vor anderen bloßzustellen oder unter Druck zu setzen – auch das ist Gewalt. In solch einem Fall sprechen wir von psychischer Gewalt. Dann gibt es noch sexuelle Gewalt. Diese reicht von einer sexualisierten Sprache und übergriffigen Berührungen bis hin zu Vergewaltigungen und fortwährendem Missbrauch.

Du siehst: Gewalt kann viele Formen annehmen. Nur weil dich jemand nicht schlägt, heißt das nicht, dass diese Person nicht gewalttätig ist. Täter rechtfertigen sich möglicherweise genau mit dieser Phrase: „Ich habe sie nie geschlagen, ich kann also gar kein Gewalttäter sein." Aber auch ein Angriff auf deine emotionale Unversehrtheit ist Gewalt. Sei dir dessen stets bewusst und lass dir von niemandem einreden, dass es nicht so schlimm sei, nur weil kein körperlicher Angriff stattgefunden hat. Auch sind die Folgen von Gewalt oft nicht sofort sichtbar. Ein blaues Auge oder ein Bluterguss gehören zu den sichtbaren Folgen von Gewalt, doch es gibt auch die unsichtbaren: sich klein und wertlos fühlen, traurig sein, den Freundeskreis nicht mehr treffen, Appetitlosigkeit, Alkohol- und Drogenmissbrauch, Albträume, Kopfschmerzen, Weinkrämpfe und im schlimmsten Fall sogar Suizid.

In einer Partnerschaft kann Gewalt ebenfalls vorkommen. Meist fängt es langsam an. Der Partner oder die Partnerin bestimmt, was du anziehen darfst, wo du hingehen darfst, mit wem du dich treffen darfst. Oder dein Handy wird durchsucht, deine Anrufe und Nachrichten kontrolliert. Mit der Zeit wird es immer schlimmer. Er oder sie schreit dich an, schlägt dich, beleidigt dich, zwingt dich zum Sex. Frauen und Männer, denen so etwas passiert, schämen sich oft. Der Täter oder die Täterin reden ihnen möglicherweise ein, sie selbst seien der Grund für die Gewalt. Deshalb glauben sie tatsächlich, es sei ihre Schuld, und trauen sich nicht, sich Hilfe zu holen. Möglicherweise lieben sie den Partner oder die Partnerin trotz der Gewalt. Oder sie sind finanziell vom Täter oder der Täterin abhängig. Sie wissen nicht, was sie tun sollen und an wen sie sich wenden können. Aber – und das ist entscheidend: Gewalt ist niemals in Ordnung. Der Täter oder die Täterin ist immer verantwortlich. Egal, was du tust, Gewalt darf es niemals geben.

Vielleicht kennst du auch Bücher oder Filme, die auf den ersten Blick romantisch erscheinen. Die Liebe zwischen den Protagonisten scheint groß, nichts und niemand ist in der Lage, sie zu trennen. Doch beim genaueren Hinsehen entpuppen sich manche Liebesgeschichten als Verherrlichung toxischer, also giftiger, Beziehungen: Der Mann „beschützt" die Frau, obwohl sie es nicht möchte. Er ist extrem eifersüchtig und kontrolliert, mit wem die Frau spricht und mit wem sie sich trifft. Er prügelt sich mit anderen, weil diese nicht tun, was er will. Er benutzt Sex als Waffe. Er tut etwas, wie beispielsweise das Beobachten der Frau im Schlaf, ohne dass diese dem zustimmt. Er isoliert die Frau von ihrem Freundeskreis. Im Leben der Frau zählt nichts mehr außer der Mann. Alles, was die Frau ausmacht, ist die Beziehung zu diesem Mann. Das Bild, das hier gezeigt wird, vermittelt den Eindruck, dass es in Ordnung ist, wenn ein Mann das Leben einer Frau kontrolliert. Vielmehr noch wird solch kontrollierendes, obsessives und toxisches Verhalten normalisiert, ja sogar romantisiert und als Ideal einer Beziehung dargestellt. Die immense Popularität dieser Bücher und Filme macht es zusätzlich schwierig, die Problematiken dieser Beziehungen zu identifizieren. Deshalb ist es besonders wichtig, dass du, wenn du solche Bücher liest oder Filme schaust, genau darauf achtest, wie die Hauptdarsteller miteinander umgehen. Beruht ihre Beziehung auf Vertrauen und Respekt oder doch mehr auf gegenseitiger Abhängigkeit und Kontrolle? Nur weil solche Bücher und Filme beliebt sind, bedeutet dies nicht, dass du solch eine Beziehung anstreben solltest. Liebe und Obsession sind nicht dasselbe!

DEINE KÖRPERLICHE UND EMOTIONALE SICHERHEIT HAT OBERSTE PRIORITÄT. SOLLTE ES JEMANDEN GEBEN, DER DAS NICHT RESPEKTIERT, WENDE DICH BITTE SOFORT AN EINE PERSON DEINES VERTRAUENS UND BITTE UM HILFE. ODER WENDE DICH AN EINE DER BERATUNGSSTELLEN UND NOTRUFE, DIE DU AUF DER MICROSITE FINDEST. KEINE FORM DER GEWALT IST JEMALS GERECHTFERTIGT.

Autorität richtig einordnen

In unserem Leben werden wir uns immer wieder in Situationen wiederfinden, in denen eine Person mehr Macht hat als die andere. Es herrscht dann ein sogenanntes „Machtgefälle". Oft handelt es sich dabei um Autoritätspersonen, die aufgrund der gegebenen Struktur mehr Einfluss haben als wir. Das ist nicht grundsätzlich etwas Schlechtes. Als Kinder sind beispielsweise unsere Eltern oder unsere Lehrer Autoritätspersonen. Sie sind älter als wir und besitzen mehr Lebenserfahrung. Sie wollen im Normalfall nur unser Bestes und möchten uns durch ihr Wissen auf das Leben vorbereiten. Durch Regeln und das Setzen von Grenzen möchten sie uns beschützen. Zum Beispiel bringen sie uns bei, dass wir nicht bei Rot über die Straße gehen sollen, denn sonst könnte uns ein Auto überfahren. Oder sie zeigen uns, wie das Zusammenleben zwischen Menschen funktioniert. Wir dürfen andere nicht schlagen, denn das tut ihnen weh – wir möchten schließlich auch nicht, dass uns jemand wehtut. Auch später im Arbeitsleben gibt es einen Chef oder eine Chefin, der oder die die Aufgaben verteilt und dafür sorgt, dass alles so gut wie möglich funktioniert.

Ein Machtgefälle kann uns beispielsweise in der Schule begegnen, im Turnverein, in der Arbeit. Aber auch in einer Beziehung kann ein Partner mehr Macht besitzen als der andere. In einer Partnerschaft sollten beide Parteien einander gleichgestellt sein, auch wenn einer zum Beispiel mehr verdient als der andere. Missbrauchstäter oder -täterinnen jedoch nutzen äußere Umstände wie zum Beispiel Einkommensunterschiede, um ihren Partner oder ihre

Partnerin zu dominieren. Es kann auch vorkommen, dass die Missbrauchstäter oder -täterinnen ihren Partner oder ihre Partnerin manipulieren. Sie machen ihn oder sie glauben, er oder sie wäre vom missbrauchenden Partner oder von der missbrauchenden Partnerin abhängig.

Du siehst: Es gibt Menschen, die ein Machtgefälle ausnutzen, um ihre eigenen Interessen durchzusetzen, ohne Rücksicht auf die Gefühle anderer. Anders gesagt: Jemand übt dir gegenüber Gewalt aus, um das zu bekommen, was er oder sie will. Das muss nicht immer etwas sein, das man auch anfassen kann bzw. das offensichtlich ist. Manche Menschen wollen einfach nur Macht über andere ausüben und diese dominieren.

Wie Gewalt aussehen kann, darüber haben wir bereits gesprochen. Ob eine Lehrperson dich vor der ganzen Klasse zur Schnecke macht, ein Turntrainer oder Sportlehrerin dir an den Hintern fasst, dein Chef oder deine Chefin dich „Dummerchen" nennt – all das sind Formen von Gewalt. Wie wir bereits wissen, muss Gewalt nicht immer körperliche Angriffe beinhalten.

Opfer solcher Täter oder Täterinnen fällt es oft schwer, über das Erlebte zu sprechen. Viele schämen sich, fühlen sich schuldig und/oder sind dem Täter oder der Täterin gegenüber trotz des Missbrauchs nach wie vor loyal. Auch Angst vor den Konsequenzen, was möglicherweise passiert, wenn man über das Erlebte spricht, und die Sorge, nicht verstanden zu werden, spielen eine Rolle. In Missbrauchssituationen, in denen ein Machtgefälle vorherrscht, kommt noch die (erlebte) Abhängigkeit vom Täter oder von der Täterin hinzu. Ich muss in die Schule. Ich gehe eigentlich gerne in den Turnverein. Ich brauche meinen Job.

All diese Gefühle, Sorgen und Ängste machen es den Opfern schwer, sich Hilfe zu holen. Solltest du also in eine Situation kommen, in der eine Autoritätsperson dir Gewalt antut, denk immer daran: Gewalt ist nie in Ordnung. Es gibt immer Möglichkeiten, wie du aus der Gewalt hinauskommst. Du hast das Recht, Hilfe zu bekommen. Wende dich an eine Vertrauensperson, Beratungsstellen, Notrufe oder die Polizei. Sie werden dir helfen können, um dich in Zukunft vor dem Täter oder der Täterin zu schützen.

Belästigung

Unter Belästigung verstehen wir „(sexuell) diskriminierendes und entwürdigendes Verhalten, das nicht auf Erwiderung ausgerichtet ist". Wir verstehen darunter also eine Form von Gewalt, die psychisch oder physisch stattfinden kann. Konkret handelt es sich um Beschimpfungen aufgrund von Alter oder sexueller Orientierung, um rassistische Kommentare oder um angeblich zufällige Berührungen. Du siehst: Nicht jede Art der Belästigung ist automatisch eine sexuelle Belästigung. Belästigung ist demnach auch dann gegeben, wenn eine Person wegen Herkunft, Religion, Weltanschauung, Alter oder Behinderung diskriminierend und geringschätzig behandelt wird. Bei Attacken aufgrund von Geschlecht oder sexueller Orientierung sprechen wir von sexueller Belästigung.

Die Auswirkungen von Belästigung sind keinesfalls zu unterschätzen. Belästigung greift die Würde und das Selbstwertgefühl der Menschen an und demütigt und beschämt sie. Physische und psychische Gesundheitsprobleme wie Schlafstörungen, Angststörungen und Depressionen können die Folge sein.

(Sexuelle) Belästigung und (sexuelle) Gewalt beginnen oft früher, als man denken mag. Es könnte beispielsweise passieren, dass du im Urlaub einen süßen Jungen kennenlernst, der dich auf ein Getränk oder Eis einlädt. Wenn dieser Junge nun denkt, das gäbe ihm das Recht, dich ohne dein Einverständnis anzufassen oder zu küssen, irrt er sich. Dasselbe wäre der Fall, wenn ein älteres Mitglied deines Sportteams dir das Gefühl gibt, du schuldest ihm etwas, weil er dir Tipps gegeben, dich trainiert oder dir sonst wie geholfen hat. Jeder, der versucht, dich unter Druck zu setzen oder dich zu bedrängen, setzt sich ins Unrecht, auch gesetzlich. In solchen oder ähnlichen Situationen wurde die Grenze zur Belästigung weit überschritten, obwohl dich noch niemand tatsächlich berührt hat. Allein die Bemühungen sind eindeutig NICHT auf Erwiderung ausgerichtet, sondern auf die Ausübung von Macht.

Dabei hast du das Recht, NEIN zu sagen. Auch wenn du den Mann oder die Frau kennst. Auch wenn du ihn oder sie magst. Du hast das Recht, über dich selbst und deinen Körper zu bestimmen. Niemand darf dich anfassen, wenn du das nicht willst. Niemand darf für dich unangenehme Wörter sowie bedrängende und sexualisierte Sprüche über dich reißen. Niemand darf dich dazu zwingen, dich auszuziehen. Niemand darf das Gespräch unerwünscht in eine sexuelle Richtung lenken. Niemand darf dich zum Sex zwingen. Wenn jemand eines dieser Dinge tut, kann das sogar eine Straftat sein – wie sexuelle Nötigung oder Vergewaltigung. Sei dir bewusst, dass du niemals schuld bist, wenn jemand dir etwas antut, das du nicht möchtest. Du hast das Verhalten des anderen niemals provoziert. Schuld ist immer der Täter oder die Täterin.

Solltest du einmal Opfer von Belästigung werden, sprich mit einer Vertrauensperson oder wende dich an eine Beratungsstelle bzw. einen Notruf und verständige die Polizei. Der Täter oder die Täterin muss für sein oder ihr Verhalten bestraft werden. Das Gesetz ist auf deiner Seite. Du darfst darüber sprechen, was dir passiert ist, und du musst dich niemals schämen. Wenn sich jemand schämen sollte, dann der Täter oder die Täterin.

Bullying und Mobbing

Du hast bestimmt schon die Erfahrung gemacht, dass sich Menschen nicht immer so verhalten, wie sie es sollten. Manchmal behandeln sie andere herablassend und böse. Bei fortwährenden und systemischen Schikanen sprechen wir von Mobbing (am Arbeitsplatz) bzw. Bullying (in der Schule). Mobbing oder Bullying ist eine Form der Gewalt, bei der sich eine Gruppe gegen einen Einzelnen richtet. Dies kann nicht nur in der Schule oder am Arbeitsplatz vorkommen, sondern auch innerhalb der Familie oder in Vereinen.

Wird jemand über längere Zeit systematisch mithilfe des Internets beleidigt, bloßgestellt und ausgegrenzt, wird das Cybermobbing genannt. Das besonders Gemeine bei Cybermobbing ist, dass es rund um die Uhr stattfindet. Das Opfer hat keine Möglichkeit, zu Atem zu kommen; ihm wird keine Pause gewährt. Während bei Bullying in der Schule oder Mobbing am Arbeitsplatz die Attacken bei Schul- bzw. Arbeitsschluss enden, geht Cybermobbing unentwegt weiter. Damit ist auch das Zuhause kein sicherer Ort mehr.

Wie auch bei anderen Formen der Gewalt, kann Mobbing schreckliche Auswirkungen für die Opfer haben. Dazu gehören unter anderem Angstzustände, Selbstzweifel, sozialer Rückzug, soziale Isolation, Konzentrationsschwäche, Ohnmachtsgefühle, Antriebslosigkeit und Depressionen, die im schlimmsten Fall sogar im Suizid enden können. Auch wenn Opfer der Mobbingsituation irgendwann entkommen (zum Beispiel durch Schulabbruch, Schulabschluss oder Kündigung), begleiten sie die Folgen oft ein Leben lang. Langfristige psychische und gesundheitliche Probleme können die Spätfolgen von Mobbingattacken sein.

Du siehst: Mobbing ist kein Spaß und alles andere als lustig. Deshalb ist es wichtig, frühzeitig etwas zu unternehmen.

Zuerst solltest du, soweit es dir möglich ist, dem Täter oder der Täterin Grenzen setzen. Ein klares Nein kann dir einerseits dabei helfen, dich nicht mehr als wehrloses Opfer zu fühlen, und den Tätern oder den Täterinnen andererseits zeigen, dass das „leichte Spiel" vorüber ist. Falls es dir schwerfällt, die Täter oder die Täterinnen selbst zu konfrontieren, suche dir Hilfe bei einem Erwachsenen und/oder deinen Mitschülern und Mitschülerinnen. Du musst diese schwierige Situation nicht alleine lösen. Das Miteinbeziehen deiner Mitschüler und Mitschülerinnen hat außerdem den Effekt, dass Mobbing umso schwieriger wird, je mehr Leute sich klar gegen Mobbing positionieren. Falls du nicht selbst das Opfer der Mobbingattacken bist, diese aber beobachtest, kannst du genauso handeln. Sprich mit einem Erwachsenen und deinen Mitschülern und Mitschülerinnen über die Vorfälle. Gemeinsam könnt ihr für die jeweilige Situation eine Lösung finden. Wenn alle Interventionen nicht helfen, sollte ein Experte auf diesem Gebiet, wie beispielsweise ein Facharzt oder Fachärztin für Kinder- und Jugendpsychiatrie oder ein Kinder- und Jugendpsychologe oder -psychologin, hinzugezogen werden.

Jeder hat das Recht, sich in der Schule, auf der Arbeit, im Verein etc. sicher zu fühlen. Deshalb darf Mobbing niemals ignoriert werden. Mobbingopfer brauchen Hilfe und Unterstützung, um ihre körperliche und psychische Gesundheit zu schützen.

Gefahren des Internets

Das Internet hat unsere Welt extrem verändert. Gehen wir nur 100 Jahre zurück, war das Leben noch ganz anders. Deine Urgroßeltern konnten nicht einfach mal schnell ihren Freunden eine Whatsapp-Nachricht schicken oder nebenbei Instagram checken. Vor allem seit der Einführung des Smartphones scheinen sich viele Bereiche des Lebens zu einem großen Teil im Internet abzuspielen. Online-Shopping, für Schularbeiten im Internet recherchieren, mit Freunden kommunizieren – die Möglichkeiten sind scheinbar endlos.

Doch das Internet birgt auch Gefahren. Die Website, bei der du den neuen Pulli bestellt hast, gibt es vielleicht gar nicht. Bei dem, was du gerade in deine Schularbeit einbaust, handelt es sich womöglich um Fake News. Und deine neue Freundin aus einem sozialen Netzwerk ist in Wirklichkeit ein 43-jähriger Mann. Im Internet lässt es sich oft schwer überprüfen, was wahr ist und was fake. Deshalb solltest du immer aufpassen, wo du deine Daten eingibst, wem oder was du glauben schenkst und mit wem du schreibst. Um dir zu helfen, dich im Internet sicherer zu bewegen, sehen wir uns im Folgenden einige der größten Gefahren im Internet an.

Fake-Onlineshops

Bestimmt haben du oder deine Eltern schon Sachen im Internet bestellt. Die Auswahl ist unendlich groß, es gibt günstige Angebote und man kann den Einkauf bequem von zu Hause aus auf der Couch erledigen. Internetbetrüger machen sich dies zunutze und stellen immer mehr Fake-Onlineshops ins Netz. Auf den ersten Blick wirken die Websites seriös, die Preise unschlagbar und die Produkte hochwertig. Doch nach der Bezahlung kommt die Ware nie an, das Geld ist weg. Der Kunde oder die Kundin ist zum Opfer eines Betruges geworden. Auch eine Anzeige bei der Polizei kann da oft nicht mehr helfen, da die Täter oder Täterinnen im Ausland sitzen und nicht ausfindig gemacht werden können. Deshalb ist es wichtig, dass du immer im Vorfeld darauf achtest, wo du etwas bestellst, damit dir so etwas nicht passiert. Wirf deshalb immer zuerst einen Blick auf die Preise der Artikel. Sind diese ungewöhnlich niedrig, solltest du skeptisch sein. Auch wenn du den Anbieter noch nicht kennst, musst du unbedingt aufpassen. Eine Suchmaschinen-Recherche kann dir dabei helfen herauszufinden, ob der Anbieter echt ist oder nicht. Haben andere Kunden bereits Erfahrungen mit diesem Anbieter gesammelt? Gibt es (gute) Bewertungen? Du kannst dir auch die Internetadresse ansehen. Enthält diese seltsame oder falsch geschriebene Bestandteile? Diese weisen oft auf einen Fake-Onlineshop hin. Außerdem ist es wichtig, sich das Impressum anzusehen. Fehlt dieses oder ist es unvollständig, lasse lieber die Finger weg!

Fake News

Fake News sind kein Phänomen des Internets. Falschmeldungen, unter dem Deckmantel der Wissenschaft verbreitete Ideologien, falsche Darstellungen der Realität? Die hat es immer schon gegeben. Doch das Internet macht es wesentlich schwieriger, diese auch zu erkennen. Durch die sozialen Netzwerke verbreiten sich News und Fake News rasend schnell. Dabei ist es oft nicht einfach, Wahrheit und Lüge zu unterscheiden. Darum solltest du unbedingt kritisch sein und nicht alles ohne zu hinterfragen teilen. Wenn etwas zu schön klingt, um wahr zu sein, ist es das vermutlich auch. Die Welt ist ein komplexer Ort, deswegen bieten einfache Erklärungen immer Anlass zur Skepsis. Um dich vor Fake News zu schützen, ist es wichtig, dein Auge für diese zu schärfen. Du kannst auf folgende Anzeichen achten: Wird mit reißerischer Überschrift und Schreibstil gearbeitet? Sind die Quellen unklar bzw. unseriös? Berichten andere Medien über das Ereignis? Gibt es unabhängige Quellen, die das Geschriebene bestätigen? Es gibt auch spezielle Fakten-Check-Portale, die dir dabei helfen können, Fake News zu identifizieren.

Cybergrooming

Das Internet bietet uns die Möglichkeit, Menschen auf der ganzen Welt kennenzulernen. Der nächste Freund ist immer nur einen Mausklick entfernt. Das kann eine wahre Bereicherung sein. Doch du musst auch aufpassen. Nicht jeder im Internet ist der, der er vorgibt zu sein. Die Anonymität des Internets ermöglicht es den Menschen auch, sich als jemand anderes auszugeben. Wenn Erwachsene sich das Vertrauen von Kindern und Jugendlichen erschleichen, um sie im Anschluss sexuell zu belästigen und zu missbrauchen, nennt man das Cybergrooming. Mit Komplimenten und Geschenken beispielsweise binden die Täter oder

Täterinnen ihre Opfer an sich und bereiten den späteren Missbrauch vor. Dieser Missbrauch muss nicht unbedingt in die reale Welt verlegt werden. Auch Sexting und das Anfertigen kinderpornografischen Materials zählt hier dazu. Aus diesem Grund solltest du deine Daten wie vollständiger Name, Geburtsdatum, Adresse und Telefonnummer NIEMALS an Fremde weitergeben, da du einfach nicht wissen kannst, wer sich hinter einem Online-Profil verbirgt. Falls du dich einmal in einer fragwürdigen Situation befinden solltest, ist es wichtig, dass du weißt, wie du reagieren kannst. Sprich mit deinen Eltern über das, was dir passiert ist. Gemeinsam könnt ihr die Beweise sichern und den Täter oder die Täterin damit bei der Polizei anzeigen. Anschließend solltest du den Täter oder die Täterin melden und blockieren bzw. kann es auch sinnvoll sein, deinen Account zu löschen und einen neuen anzulegen.

Sexting

Als Sexting wird der Austausch erotischer Nachrichten, Nacktbilder sowie intimer Videos bezeichnet. Viele Menschen sehen dies als Teil des Flirtens oder der Beziehungspflege. Ihnen ist dabei nicht bewusst, dass sie mit dem Versenden der Nachricht jegliche Kontrolle über die Verbreitung des Materials abgeben. Auch wenn die Nachrichten im Vertrauen gesendet worden sind, heißt das nicht, dass dieses Vertrauen nicht missbraucht werden kann. Pädophile Erwachsene können sich hinter einem Kinderprofil verstecken,

mit dem Ziel, Nacktaufnahmen von anderen Kindern und Jugendlichen zu bekommen – darüber haben wir unter dem Abschnitt Cybergrooming bereits gesprochen. Doch auch wenn du die Person, der du solche Aufnahmen schickst, kennst und magst, weißt du nicht, was mit dem Material passiert, nachdem du es abgeschickt hast. Die Freundschaft oder Beziehung kann zerbrechen und plötzlich sind die Hemmungen, die Bilder und Videos weiterzuschicken bzw. im Internet zu posten, nicht mehr so groß. Falls ihr im Streit auseinandergegangen seid, kann auch Rache für die Veröffentlichung ein Motiv sein. Es gibt sogar einen Begriff dafür: Racheporno bzw. Revenge Porn. Oder die Person hatte von vornherein an keine guten Absichten und wollte das erhaltene Material von Anfang an veröffentlichen. Deshalb überlege dir gut, ob du tatsächlich erotisches Bild- und Videomaterial von dir an andere weiterleiten möchtest. Denn wenn die Aufnahmen in die falschen Hände geraten, können sie die Grundlage für eine Cyberbullying-Attacke werden.

Alleine unterwegs

Die Welt, in der wir leben, kann gefährlich sein. Das hast du bestimmt schon als Kind gelernt. Nicht alle Menschen sind gut, deshalb ist es wichtig zu wissen, wie du dich am besten schützen kannst. Das bedeutet nicht, dass du immer Angst zu haben brauchst. Du darfst durchaus selbstbewusst durch die Welt gehen und diese entdecken. Eine gewisse Vorsicht ist dennoch geboten, vor allem, wenn du allein unterwegs bist. Deshalb wollen wir uns an dieser Stelle ansehen, was du tun kannst, um sicher unterwegs zu sein. Manches weißt du vielleicht schon, anderes ist möglicherweise neu. Schau dir alles in Ruhe an, dann bist du im Ernstfall gut vorbereitet.

Egal, in welcher Situation du dich befindest, es ist immer wichtig, dass du deine Grenzen kennst und für diese einstehst. Vielleicht erinnerst du dich an das Beispiel mit der Tante und dem Küsschen. Du willst ihr kein Küsschen geben, also tu es auch nicht. Das ist deine persönliche Grenze und niemand darf diese überschreiten. Auch bei anderen alltäglichen Dingen darfst du deine Grenzen ziehen. Du musst nicht mit deiner Cousine spielen, nur weil deine Eltern das gerne hätten. Du musst auch nicht aufessen, wenn du satt bist. Wenn etwas deine persönliche Grenze überschreitet, musst du es nicht tun – auch nicht aus einem schlechten Gewissen heraus. Wenn du das verinnerlichst, wird es für Täter oder Täterinnen viel schwieriger, dich anzugreifen.

Du musst dir auch bewusst sein, dass es nicht normal ist, wenn ein Erwachsener Kinder oder Jugendliche anspricht bzw. mit dem Auto anhält, um sie etwas zu fragen. Solltest du einmal in solch eine Situation kommen, ziehe klar und deutlich deine Grenze und sage nein. Schaffe Distanz, sowohl physisch, indem du Abstand hältst, als auch beim Sprechen. Sieze fremde Personen, damit auch deine Umgebung erkennt, dass du diese Person nicht kennst. Du musst auch nicht höflich oder hilfsbereit sein, selbst wenn eine fremde Person nur nach der Uhrzeit fragt. Wenn du dich unwohl fühlst, ist alles erlaubt. Du musst in einer solchen Situation nicht brav und artig sein. Du darfst schreien, treten, beißen oder nutze greifbare Gegenstände zur Verteidigung.

Sei so laut, wie du kannst und bitte auch Passanten aktiv um Hilfe, indem du sie direkt ansprichst – zum Beispiel: Sie mit dem Regenschirm, dieser Mann bedrängt mich, rufen Sie die Polizei.

WEITERE TIPPS FÜR SOLCHE SITUATIONEN FINDEST DU ÜBER DIE LINKS AUF DER MICROSITE.

Eine gute Möglichkeit, dein Selbstbewusstsein zu stärken und dich sicherer zu fühlen, sind Selbstverteidigungskurse. Sie unterstützen dich dabei, dich deiner eigenen Stärke bewusst zu werden und deine Verteidigungsbereitschaft zu erhöhen. Vor allem wenn man noch nie jemanden körperlich verletzt hat, kann es nämlich sein, dass man noch Hemmungen hat, einen Angreifer oder eine Angreiferin bei einem Übergriff zu schlagen oder zu treten. Mit dem Erlernen der körperlichen Abwehrtechniken, dem Erarbeiten einer effektiven Verteidigungsstrategie und dem Stärken des Selbstbewusstseins bekommst du wertvolle Werkzeuge in die Hand, um dich im Ernstfall wehren zu können.

Wenn du älter wirst, empfindest du es womöglich zunehmend als lästig, dich vor deinen Eltern rechtfertigen zu müssen und ihnen sagen zu müssen, wohin du gehst. Es ist verständlich, dass du dir mit zunehmendem

Alter mehr Unabhängigkeit wünschst und deine eigenen Entscheidungen treffen möchtest. Geht es allerdings darum, deinen Eltern zu sagen, wo du dich aufhältst, dient dies schlicht deiner eigenen Sicherheit. Deine Eltern wollen dich nicht kontrollieren, wenn sie dich fragen, wo du hingehst. Vielmehr geht es darum, zu wissen, ob alles in Ordnung ist. Es ist kein Problem, wenn du dich einmal mit einer Freundin verquatscht hast und deswegen später zu Hause bist. Nur solltest du deinen Eltern Bescheid sagen, damit diese wissen, dass nichts passiert ist. So können sie im Ernstfall schneller und besser reagieren.

SCHLUSSWORT

Nachdem du dieses Buch gelesen hast, fühlst du dich hoffentlich gut vorbereitet, aufgeklärt, gestärkt und informiert zu den Themen DEINER Pubertät.

Genieße diese spannende Zeit und nimm sie mit all ihren Chancen und Herausforderungen an. Viele Erwachsene blicken im Nachhinein gerne auf diese Zeit zurück, in der noch keine „Erwachsenenprobleme" den Alltag bestimmten, sondern nur die Vorfreude auf die nächste Party, die Schmetterlinge im Bauch beim Gedanken an den Crush oder die Nervosität vor der nächsten Klassenarbeit.

Veränderungen gehören zum Leben dazu und werden dir, in unterschiedlicher Form, immer wieder begegnen. Das Selbstvertrauen, das jetzt in dir wächst, wird dich in die Lage versetzen, richtig mit ihnen umzugehen. Wenn du dich nach dem Lesen dieses Buchs dafür gerüstet fühlst, habe ich mein Ziel erreicht.

Kennst du jemanden in deinem Freundeskreis, dem dieses Buch guttun würde? Dann empfiehl es doch gerne weiter. Auch auf deine ehrliche Meinung bin ich gespannt. Nutze dazu gerne die Möglichkeit der Kundenrezension und vergib bis zu fünf Sterne. Ich lese alle Rezensionen und freue mich auf dein Feedback.

Printed in Poland
by Amazon Fulfillment
Poland Sp. z o.o., Wrocław

30203872R00077